KB151805

이창호 바둑입문 3

- 한수 위 편 -

이창호·성기창 공저

다산출판사

머리말

인류가 만들어 낸 많은 게임 중에 바둑처럼 오래된 역사를 간직하고 있는 게임을 찾아보기란 쉽지 않습니다. 그토록 오랜 역사를 간직하며 바둑이 두어지고 있다는 것은 그만큼 바둑이 재미있는 게임이며 흥미 요소 외에 특별한 그 무엇이 존재한다는 증거일 것입니다. 바둑은 오랜 기간 동안 한, 중, 일 동양 3국을 중심으로 크게 성행을 했습니다. 그렇지만 현대에는 전 유럽뿐만 아니라 미국, 동남아시아 등 세계 전역에서 골고루 두어지고 있을 만큼 많은 인기를 누리고 있습니다. 이처럼 흥미진진한 바둑의 세계에 입문한다는 것은 학문을 통해 최고의 진리를 탐구하는 지성인들에게 또 다른 세상을 경험할 수 있는 더 없이 좋은 기회가 될 것입니다. 그런데 중요한 것은 그토록 흥미진진한 바둑을 어떻게 배울 것인가 하는 점입니다. 혹자는 '바둑처럼 쉬운 게임도 없다' 라고 얘기를 하지만 바둑을 처음 접하는 입문자 입장에서는 어디에서부터 어떻게 시작해야 할지 막막하기 그지없는 것이 현실입니다. 사실 바둑을 잘 두기 위해서는 포석, 정석, 행마, 사활 등등 기본적으로 습득해야 할 것들이 너무도 많습니다. 하지만 그런 모든 것들을 모두 암기해야만 한다면 이보다 더 곤혹스러운 일도 없을 것입니다. 그렇지만 크게 걱정할 필요는 없습니다. 바둑의 핵심 원리를 알고 그 원리를 토대로 응용할 수 있다면 손쉽게 입문할 수 있기 때문입니다. 그런 의미에서 이 책은 바둑 입문자들이 바둑을 손쉽게 이해할 수 있도록 원리적인 내용으로 구성되었다는 측면에서 큰 의미가 있다고 할 수 있을 것입니다. 부디 이 책이 바둑에 입문하고자 하는 모든 분들께 좋은 길잡이가 될 수 있기를 기대합니다.

2015년 2월 저자

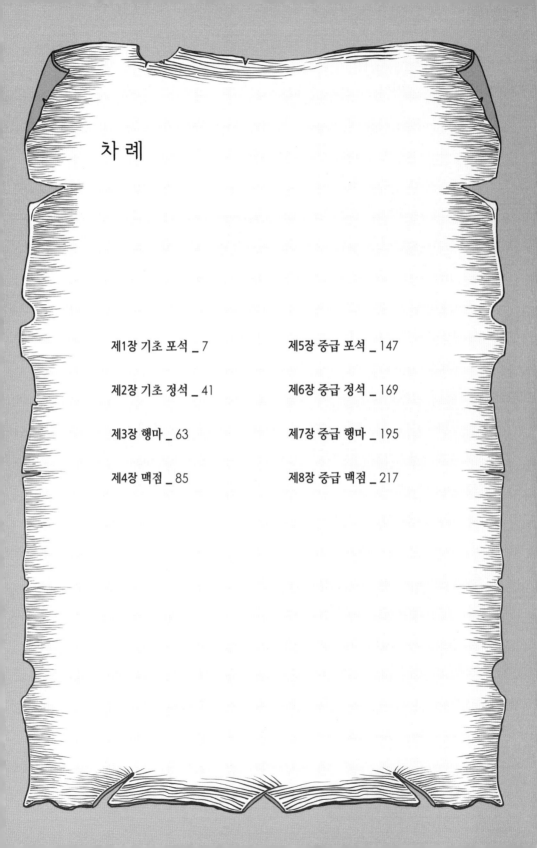

차 례

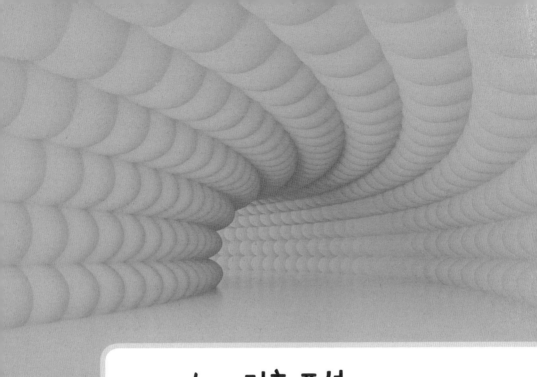

제 1 장 기초 포석

집을 지을 때 기초 공사가 중요하듯이 바둑을 둘 때도 기초 공사가 매우 중요합니다. 바둑을 둘 때 기초 공사에 해당하는 분야가 바로 포석입니다. 이 장을 통해서는 포석의 기본 문제를 풀어 보도록 하겠습니다.

A와 B 중 올바른 수는 어느 곳일까요?

①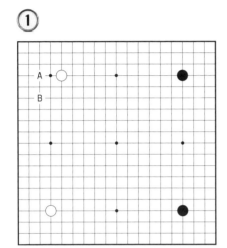

⚫흑차례

②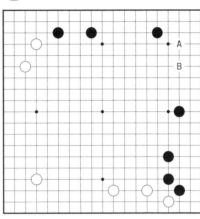

◯백차례

③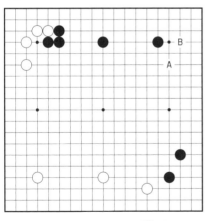

⚫흑차례

④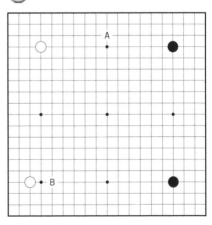

⚫흑차례

①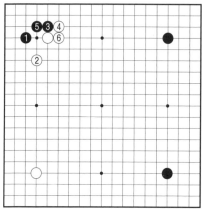

흑1로 귀를 굳히는 것이 정답입니다. 흑1을 가리켜 한칸 굳힘이라고 부릅니다.

②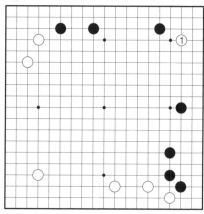

백1이 정답입니다. 백1을 가리켜 외목 걸침이라고 부릅니다.

③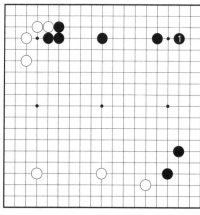

흑1로 귀를 굳히는 것이 정답입니다. 흑1을 가리켜 한칸 굳힘이라고 부릅니다.

④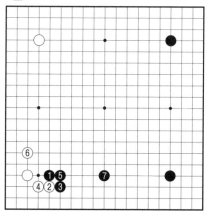

흑1로 소목에 걸치는 것이 정답입니다. 흑7까지 소목의 기본 정석입니다.

A와 B 중 올바른 수는 어느 곳일까요?

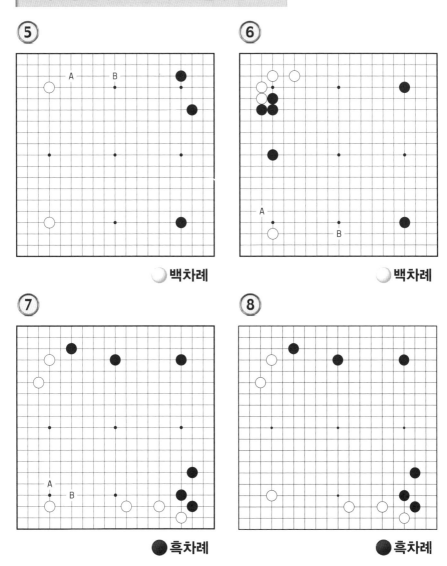

⑤ 백차례

⑥ 백차례

⑦ 흑차례

⑧ 흑차례

⑤

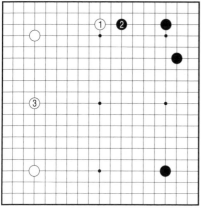

백1로 벌리는 것이 정답입니다. 흑2 때 백3이 또한 좋은 곳입니다. 화점에서는 귀를 굳히는 것보다 변으로 벌리는 것이 보통입니다.

⑥

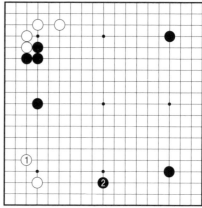

백1로 귀를 굳히는 것이 정답입니다. 흑은 2로 벌려 백이 변으로 벌리는 것을 방해하는 것이 좋습니다.

⑦

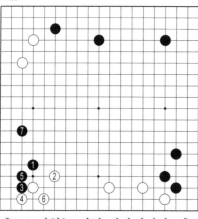

흑1로 걸치는 것이 정답입니다. 흑7 까지 소목의 기본 정석입니다.

⑧

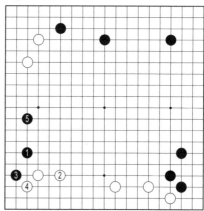

흑1처럼 넓은 쪽에서 걸치는 것이 올바른 방향입니다. 흑5까지 화점이 기본 정석입니다.

1-2 기초 포석 (벌림) 문제1~4

A와 B 중 올바른 벌림수는 어느 곳일까요?

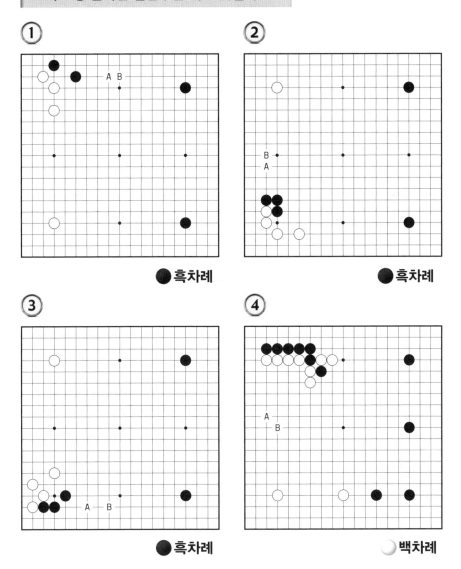

① **●흑차례**

② **●흑차례**

③ **●흑차례**

④ **○백차례**

①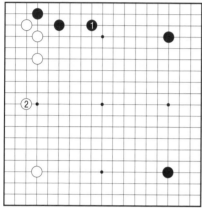

흑1로 두칸 벌리는 것이 정답입니다. 백은 2로 넓게 벌리는 것이 좋습니다.

②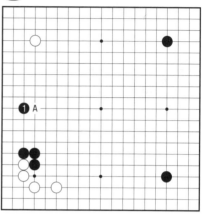

흑1 또는 A에 벌리는 것이 이립삼전의 원칙을 따른 벌림수입니다.

③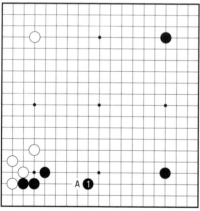

흑1 또는 A에 벌리는 것이 정답입니다.

④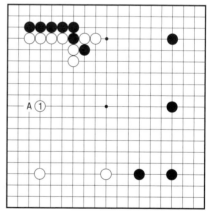

위쪽에 강한 백 세력이 있으므로 백1 또는 A에 벌리는 것이 정답입니다.

1-2 기초 포석 (벌림) 문제5~8

A와 B 중 올바른 벌림수는 어느 곳일까요?

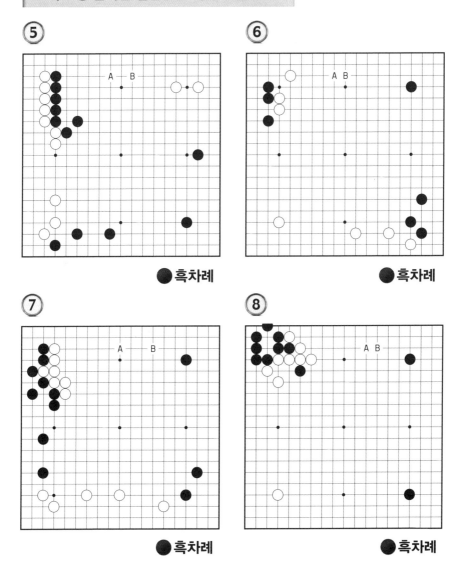

⑤

A · B

● 흑차례

⑥

A B

● 흑차례

⑦

A · B

● 흑차례

⑧

A B

● 흑차례

⑤

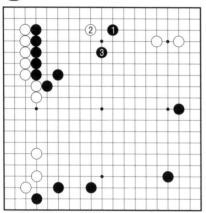

좌상귀의 흑 세력이 강하므로 흑1로 벌려야 합니다. 백2로 침투하면 흑3으로 공격할 수 있습니다.

⑥

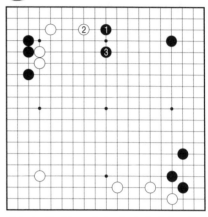

흑1로 벌리는 것이 정답입니다. 백2 라면 흑3으로 한칸 뛰어 약점을 보강합니다.

⑦

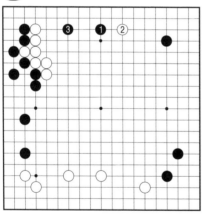

흑1로 벌려야 합니다. 백2로 역습을 해 오면 흑3으로 두칸 벌려 안정할 수 있습니다.

⑧

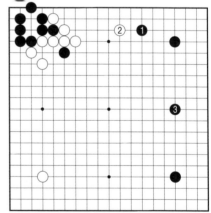

좌상귀 백 세력이 강하므로 흑1로 눈목자해서 견제해야 합니다. 백2로 벌리면 흑3으로 큰 곳을 차지합니다.

A와 B 중 올바른 벌림수는 어느 곳일까요?

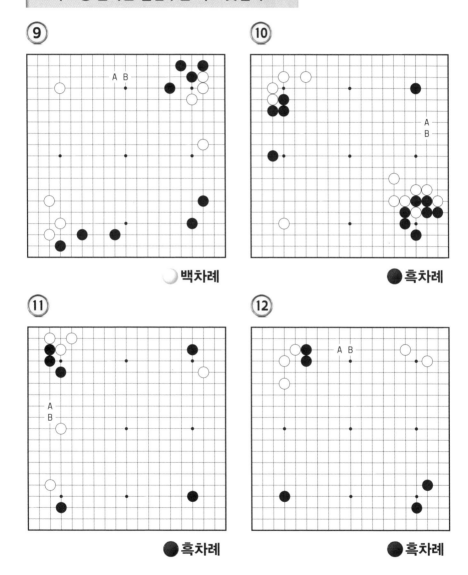

⑨

⑩

◯ 백차례

● 흑차례

⑪

⑫

● 흑차례

● 흑차례

⑨

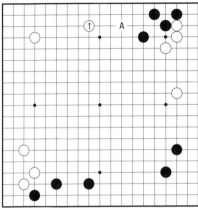

백1로 벌리는 것이 정답입니다. 이후 백은 A의 두칸 벌림을 엿보고 있습니다.

⑩

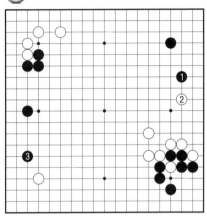

흑1로 눈목자해서 우하귀 백 세력을 견제해야 합니다. 백2로 받는다면 흑3으로 걸치는 것이 큰 곳입니다.

⑪

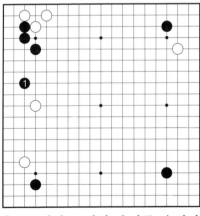

흑1로 벌리는 것이 올바른 수입니다.

⑫

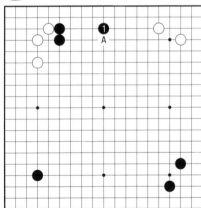

흑1 또는 A에 벌리는 것이 정답입니다. 흑1은 이립삼전의 원리를 따른 벌림수입니다.

1-2 기초 포석 (벌림) 문제13~16

A와 B 중 올바른 벌림수는 어느 곳일까요?

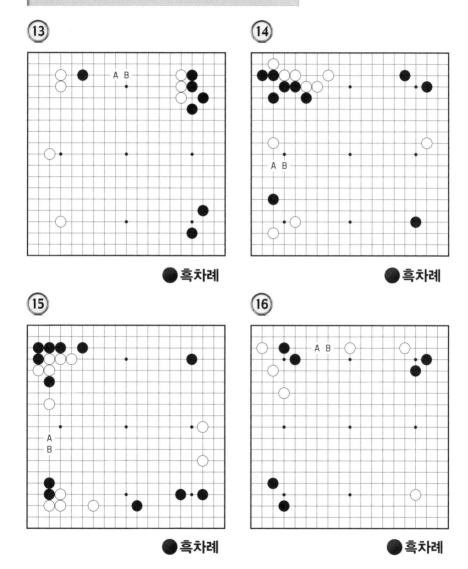

⑬   A B

●흑차례

⑭   A B

●흑차례

⑮   A B

●흑차례

⑯   A B

●흑차례

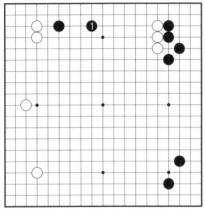

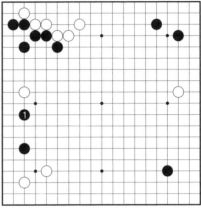

흑1로 두칸 벌리는 것이 정답입니다. 돌의 개수가 1개일 때는 두칸 벌리는 것이 올바른 간격입니다.

흑1로 두칸 벌리는 것이 정답입니다. 흑1은 백 한점에 대한 공격도 엿보고 있습니다.

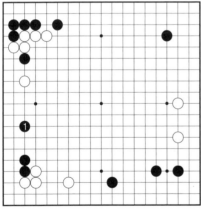

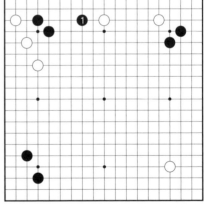

흑1로 두칸 벌리는 것이 올바른 벌림의 간격입니다.

흑1로 눈목자해서 벌리는 것이 좋습니다. 이후 흑은 상변 백 진영에 대한 침입을 엿보고 있습니다.

A와 B 중 올바른 수는 어느 곳일까요?

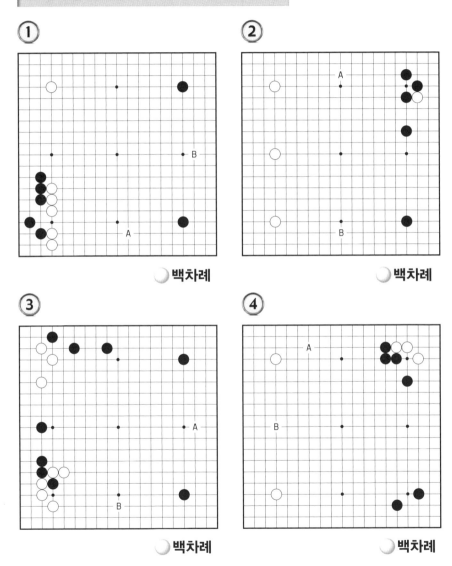

① 백차례

② 백차례

③ 백차례

④ 백차례

①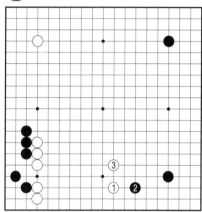

좌하귀에 강한 백 세력이 구축되어 있으므로 백1로 벌려서 세력을 확장해야 합니다. 흑2라면 백3으로 한칸 뛰어 하변을 크게 차지합니다.

②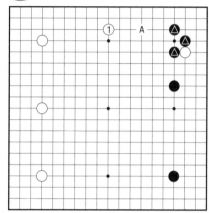

우상귀 흑▲ 석점이 강한 세력의 형태를 취하고 있으므로 백1로 벌려서 세력을 견제해야 합니다. 이후 백은 A의 두칸 벌림을 노리고 있습니다.

③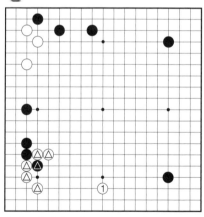

흑▲ 한점을 잡고 있는 백△ 돌들이 강한 세력의 형태를 취하고 있으므로 백1로 벌리는 것이 정답입니다.

④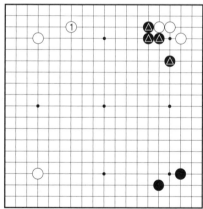

우상귀 흑▲ 석점이 강한 세력을 형성하고 있으므로 백1로 눈목자해서 세력을 견제하는 것이 정답입니다.

1-3 기초 포석 (대세점) 문제5~8

A와 B 중 어느 곳이 더 좋은 곳일까요?

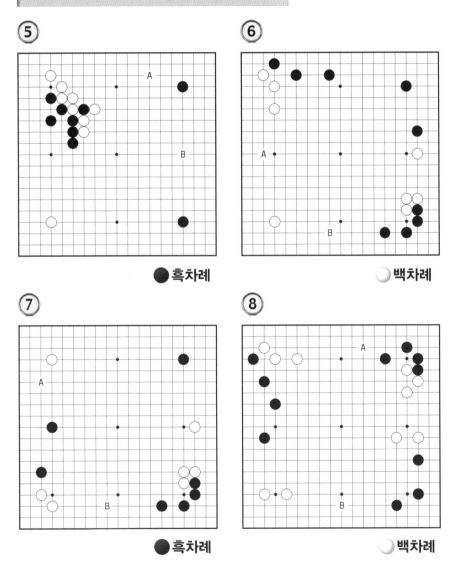

⑤

A

B

● 흑차례

⑥

A

B

○ 백차례

⑦

A

B

● 흑차례

⑧

A

B

○ 백차례

⑤

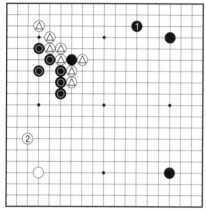

좌상귀 백△ 돌들이 매우 강한 세력이므로 흑1로 눈목자해서 백 세력을 견제해야 합니다. 백도 흑● 가 강한 세력이므로 2로 눈목자해서 세력을 견제하는 것이 좋습니다.

⑥

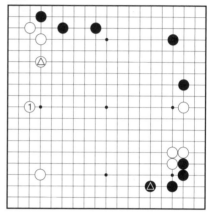

백1로 벌리는 것이 정답입니다. 3선에 놓여 있는 흑▲ 한점보다는 4선에 놓여 있는 백△ 한점의 발전성이 크므로 좌변의 가치가 더욱 큽니다.

⑦

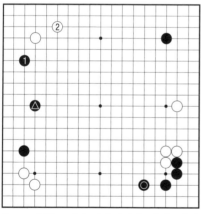

흑1로 걸치는 것이 정답입니다. 흑▲ 한점이 발전성이 큰 4선 돌이므로 흑은 좌변을 중시해야 합니다. 하변은 흑● 한점이 3선에 놓여 있으므로 발전성이 떨어집니다.

⑧

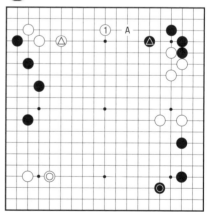

백1(또는 A)이 정답입니다. 흑▲ 한점과 백△ 한점이 모두 4선에 놓여 있으므로 상변의 가치가 하변보다 큽니다. 하변은 백◎ 한점이 4선에 있지만 흑▲ 한점이 3선이므로 가치가 떨어집니다.

A와 B 중 어느 곳이 더 좋은 곳일까요?

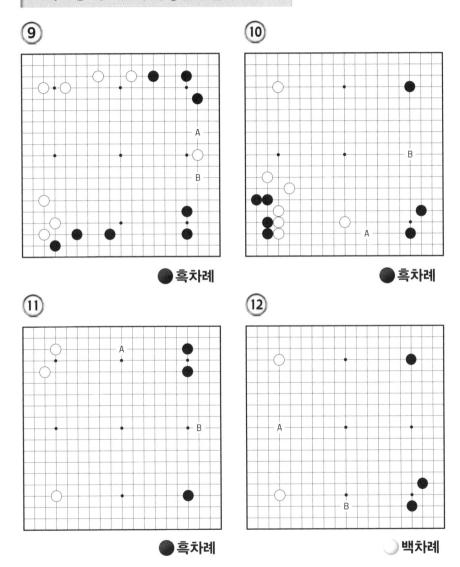

⑨ ●흑차례

⑩ ●흑차례

⑪ ●흑차례

⑫ ◑백차례

⑨

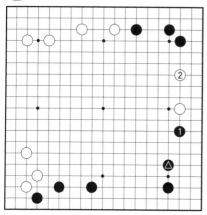

흑1로 다가서는 것이 정답입니다. 흑▲ 한점이 4선에 놓여 있으므로 뒷문을 단속해야 합니다. 백은 2로 두칸 벌려 안정을 취해야 합니다.

⑩

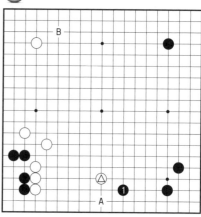

백△ 한점이 4선에 놓여 있으므로 흑1로 벌리는 것이 정답입니다. 이후 흑은 A의 뒷문 열린 약점을 노릴 수 있습니다. 참고로 흑1로는 B에 걸치는 것도 가능합니다.

⑪

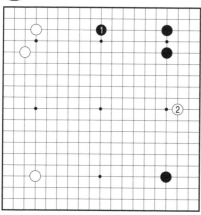

흑1로 벌리는 것이 정답입니다. 상변은 좌상귀와 우상귀가 귀굳힘이므로 마주보는 중앙에 해당하는 큰 곳입니다.

⑫

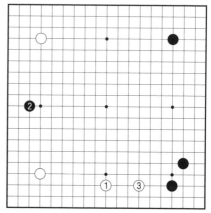

백1로 벌리는 것이 정답입니다. 하변은 우하귀가 귀굳힘이기 때문에 발전성이 큰 곳입니다. 이후 흑2로 갈라치고 백3으로 두칸 벌리면 무난한 포석입니다.

A와 B 중 어느 곳이 더 좋은 곳일까요?

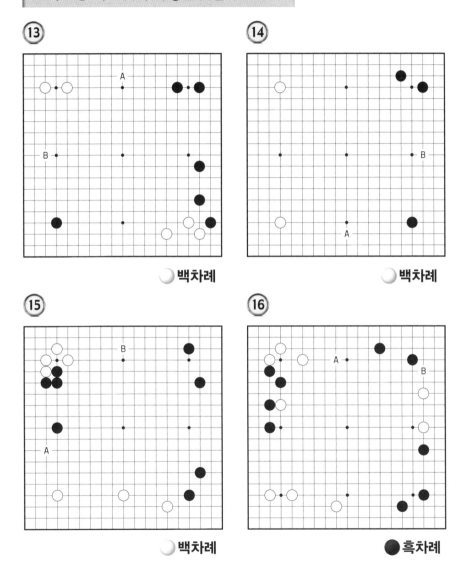

⑬

⑭

● 백차례

● 백차례

⑮

⑯

● 백차례

● 흑차례

⑬

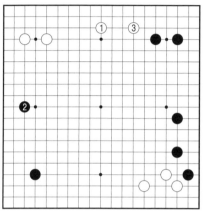

백1로 벌리는 것이 정답입니다. 상변은 좌상귀와 우상귀가 귀굳힘이기 때문에 가장 발전성이 큰 곳입니다. 흑2로 벌리면 백3이 뒷문 열린 약점을 노리는 큰 곳입니다.

⑭

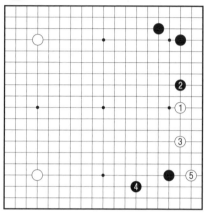

백1로 갈라치는 것이 정답입니다. 우상귀가 귀굳힘이기 때문에 우변의 가치가 가장 큰 곳입니다. 백5까지 화점의 기본 정석입니다.

⑮

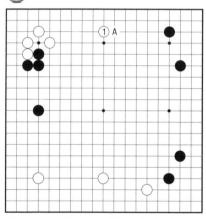

백1(또는 A)로 벌리는 것이 정답입니다. 우상귀가 귀굳힘이기 때문에 상변의 가치가 큰 곳입니다.

⑯

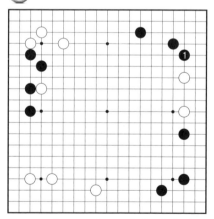

흑1로 귀를 굳히는 것이 정답입니다. 흑은 우변 백 두점에 대한 공격까지 엿보고 있으므로 매우 큰 곳입니다.

A와 B 중 시급하게 두어야 할 곳은 어디일까요?

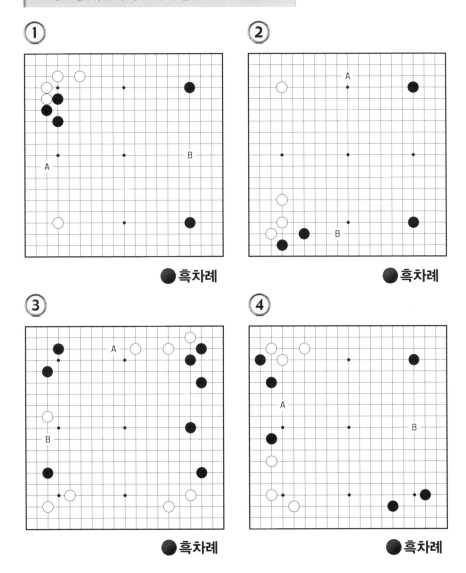

① ●흑차례

② ●흑차례

③ ●흑차례

④ ●흑차례

①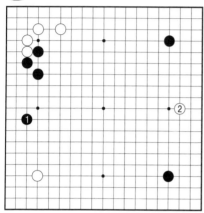

흑1로 벌리는 것이 정답입니다. 이곳을 손빼면 좌상귀 흑 석점이 공격받게 됩니다. 백2는 흑을 갈라치는 수입니다.

②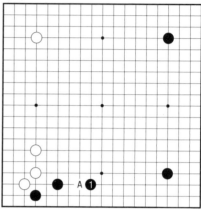

흑1로 두칸 벌리는 것이 정답입니다. 이 수를 손빼면 백A로 다가서는 것이 흑 두점을 공격하는 통렬한 급소가 됩니다.

③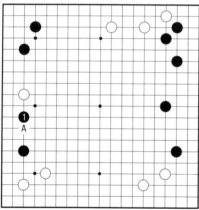

흑1로 두칸 벌려서 흑 한점을 안정시키는 것이 시급한 요처입니다. 흑1을 손빼면 백A가 공격의 급소가 됩니다.

④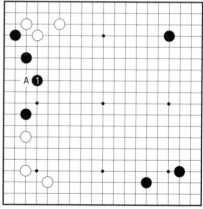

흑1로 날일자해서 좌변을 안정시켜 두어야 합니다. 흑1을 손빼서 백A를 허용하면 위아래 흑돌이 미생마가 됩니다.

A와 B 중 시급하게 두어야 할 곳은 어디일까요?

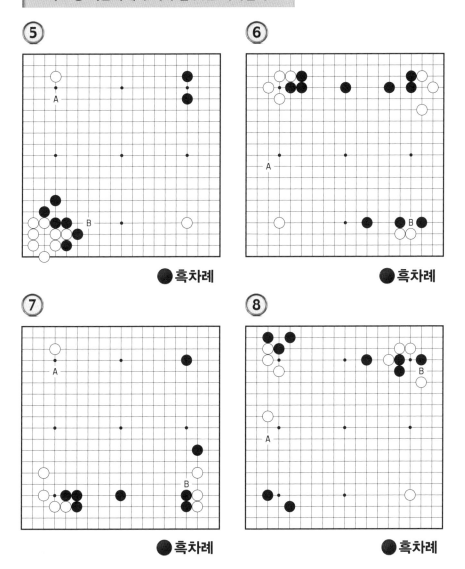

⑤

A

B

● 흑차례

⑥

A

B

● 흑차례

⑦

A

B

● 흑차례

⑧

B

A

● 흑차례

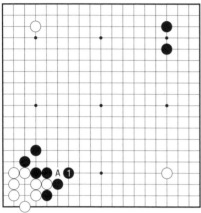

흑1로 호구쳐서 정석을 완성시켜야
합니다. 흑1을 손빼면 백A로 끊는
수가 통렬합니다.

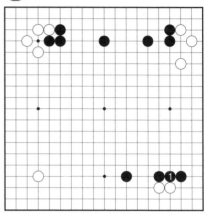

흑1로 잇는 것이 중요합니다. 흑1로 이어
야 귀의 백 두점에 대한 공격도 가능하고
튼튼한 세력도 구축할 수 있습니다.

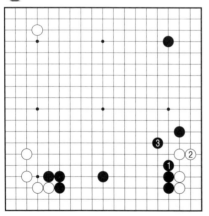

흑1이 두점머리이자 호구가 되는 급
소 중의 급소입니다. 백2 때 흑3으
로 날일자하면 하변에 커다란 세력
작전을 펼칠 수 있습니다.

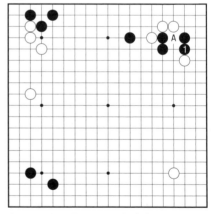

흑1로 쌍립을 서서 약점을 보강해야
합니다. 흑1을 손빼면 백A로 절단하
는 수가 성립합니다.

1-4 기초 포석 (급한 곳) 문제9~12

A와 B 중 시급하게 두어야 할 곳은 어디일까요?

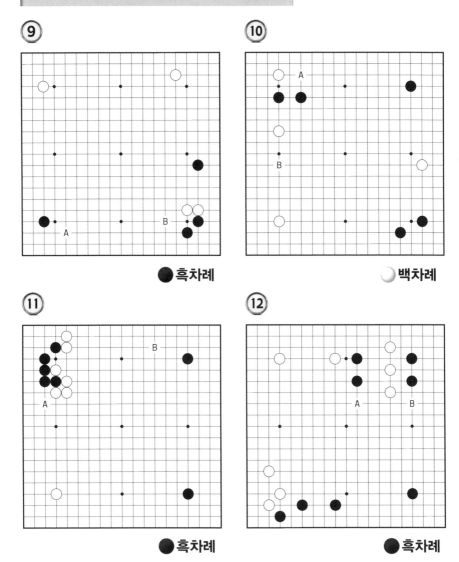

⑨

● 흑차례

⑩

○ 백차례

⑪

● 흑차례

⑫

● 흑차례

⑨

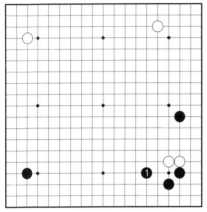

흑1로 날일자해서 변으로 진출하는 것이 시급합니다. 흑은 우하귀 백 두 점에 대한 공격도 엿보고 있습니다.

⑩

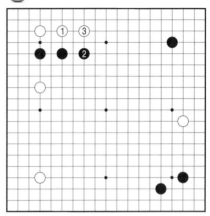

백1로 한칸 뛰어 변으로 진출하는 것이 시급합니다. 흑2 때 백3으로 한칸 뛴 수 역시 봉쇄를 피해 절대적으로 두어야 하는 수입니다.

⑪

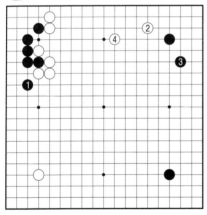

흑1로 한칸 뛰어 변으로의 진출을 도모해야 합니다. 백은 2로 걸친 후 4에 두어 상변을 크게 키우는 것이 좋습니다.

⑫

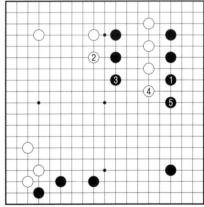

흑1로 한칸 뛰어 변으로 진출해야 합니다. 이후 백2로 한칸 뛰고 흑5 까지 쌍방 치열한 중앙 전투가 벌어집니다.

1-4 기초 포석 (급한 곳) 문제13~16

A와 B 중 시급하게 두어야 할 곳은 어디일까요?

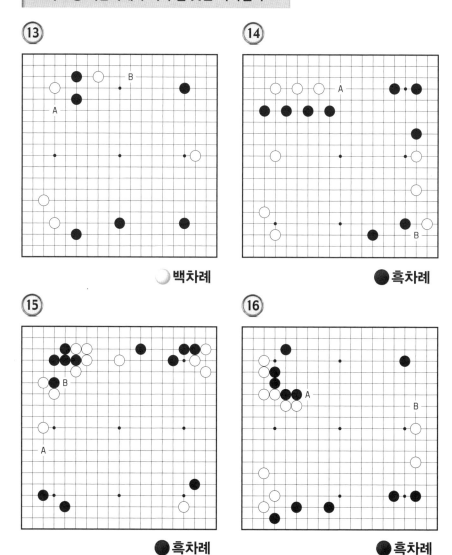

⑬

○ 백차례

⑭

● 흑차례

⑮

● 흑차례

⑯

● 흑차례

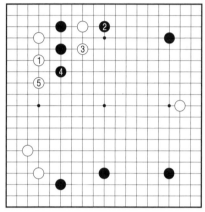

백1로 한칸 뛰어 봉쇄를 피하는 것
이 시급합니다. 이후 흑2로 협공하
고 백5까지가 예상되는 진행입니다.

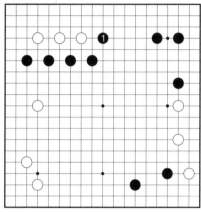

흑1로 날일자해서 백이 변으로 진출
하지 못하도록 봉쇄하는 것이 시급
한 요점입니다.

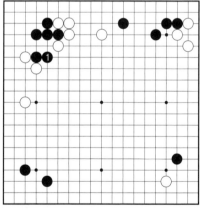

흑1로 쌍립을 서서 중앙으로의 진출
을 도모하는 것이 매우 시급한 곳입
니다.

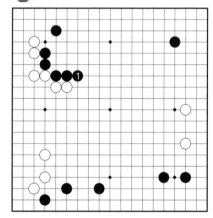

흑1이 두점머리 급소이므로 시급하
게 보강해야 하는 곳입니다.

A와 B 중 시급하게 두어야 할 곳은 어디일까요?

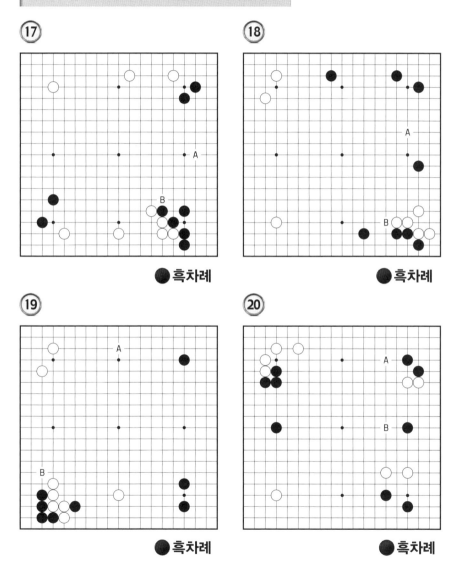

⑰

● 흑차례

⑱

● 흑차례

⑲

● 흑차례

⑳

● 흑차례

⑰

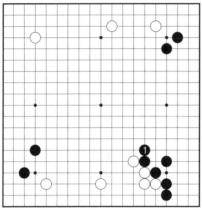

흑1로 뻗는 것이 중요합니다. 흑1을 손빼면 백이 1의 곳으로 단수치는 것이 통렬한 급소가 됩니다.

⑱

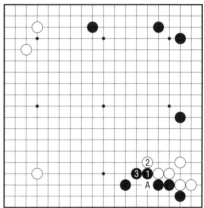

흑1이 두점머리 급소를 방비하는 시급한 곳입니다. 백2 때 흑3으로 뻗어 두면 중앙으로 머리를 내밀 수 있습니다. 흑1을 손빼면 백A로 젖히는 것이 통렬한 급소가 됩니다.

⑲

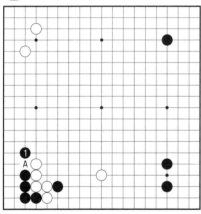

흑1로 한칸 뛰어 변으로 진출하는 것이 시급한 요점입니다. 흑1을 손빼면 백A로 막는 것이 기분 좋은 선수활용이 됩니다.

⑳

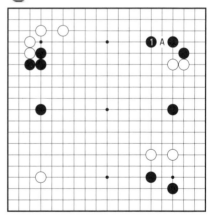

흑1로 한칸 뛰어 변으로의 진출을 도모하는 것이 시급합니다. 흑1을 손빼면 백A로 붙이는 수가 흑을 봉쇄하는 급소가 됩니다.

1-4 기초 포석 (급한 곳) 문제21~24

A와 B 중 시급하게 두어야 할 곳은 어디일까요?

㉑

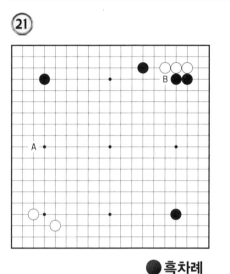

● 흑차례

㉒

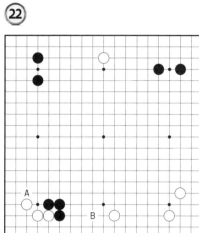

● 흑차례

㉓

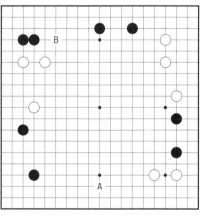

● 흑차례

㉔

● 흑차례

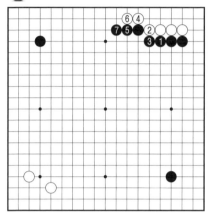

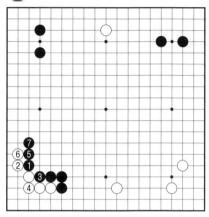

흑1로 막는 것이 백을 봉쇄하는 방법입니다. 백이 2로 둔 후 6까지 안정할 수밖에 없을 때 흑은 7까지 튼튼한 세력을 구축할 수 있습니다.

흑1로 붙여서 백을 봉쇄해야 합니다. 흑7까지 흑은 백을 봉쇄하면서 튼튼한 세력을 완성했습니다.

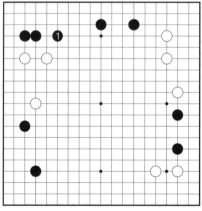

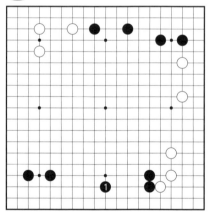

흑1로 받아 두는 것이 시급한 요소점입니다. 흑1을 손빼면 백이 1의 곳에 두어 귀의 흑을 봉쇄하게 됩니다.

흑1로 벌려 우하귀 흑 두점을 안정시키는 것이 시급한 곳입니다. 흑1을 손빼면 백이 다가서서 우하귀 흑 두점을 공격하게 됩니다.

제2장 기초 정석

정석은 귀의 접전 과정에서 흑과 백이 최선을 다해 두는 수
순을 얘기합니다. 드넓은 바다를 항해할 때 나침반이 꼭 필
요하듯이 바둑을 둘 때 정석은 나침반과 같은 중요한 역할
을 하는 것입니다.

2 기초 정석 문제1~4

정석이 진행중에 있습니다. 다음의 정석 수는 A~C 중 어느 곳일까요?

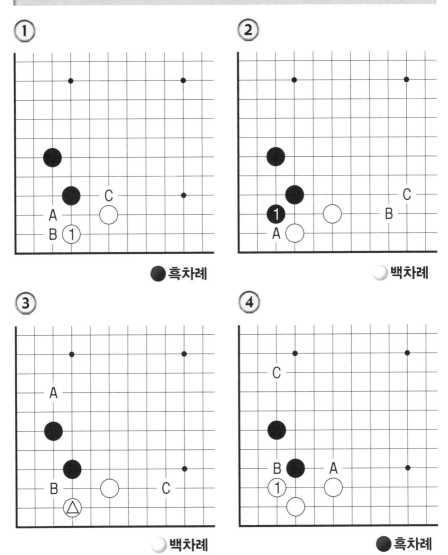

① ●흑차례

② ○백차례

③ ○백차례

④ ●흑차례

①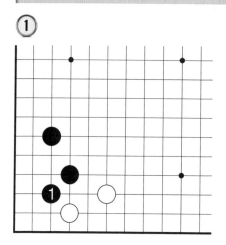

흑1이 근거의 급소로 놓쳐서는 안
될 곳입니다.

②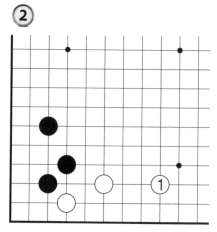

백1로 두칸 벌려 안정을 취하는 것
이 정답입니다.

③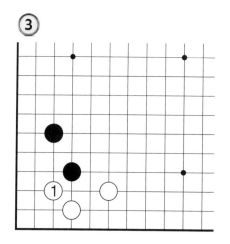

백1로 두어 흑의 근거를 빼앗아야
합니다.

④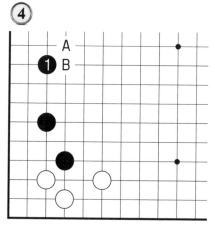

흑1로 두칸 벌리는 것이 정답입니
다. 흑1로는 경우에 따라 A나 B에
벌리는 것도 가능합니다.

정석이 진행중에 있습니다. 다음의 정석 수는 A~C 중 어느 곳일까요?

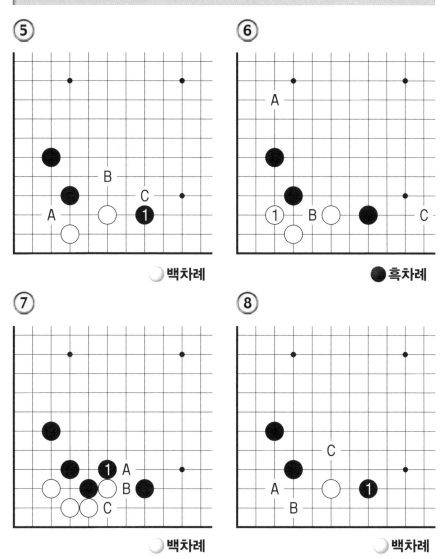

⑤

○백차례

⑥

●흑차례

⑦

○백차례

⑧

○백차례

⑤

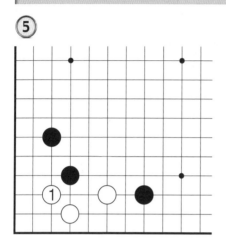

백1로 3·三 차지하는 것이 근거의 급소입니다.

⑥

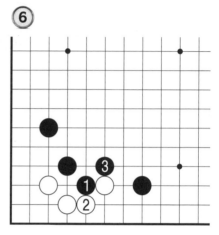

흑1·3으로 호구쳐서 백을 봉쇄해야 합니다.

⑦

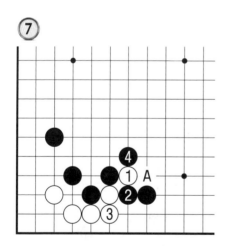

백1로 젖혀서 흑 모양에 약점을 만들어야 합니다. 흑4 이후 백은 A의 축머리를 이용할 수 있습니다.

⑧

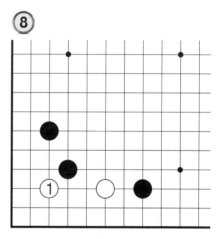

백1로 3·三에 침투하는 것이 귀를 차지하면서 안정하는 방법입니다.

정석이 진행중에 있습니다. 다음의 정석 수는 A~C 중 어느 곳일까요?

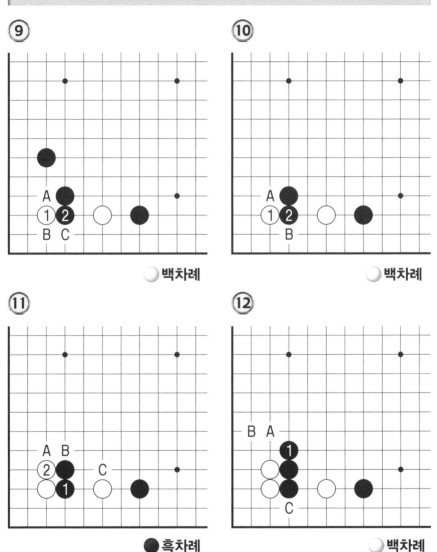

⑨

○ 백차례

⑩

○ 백차례

⑪

● 흑차례

⑫

○ 백차례

⑨

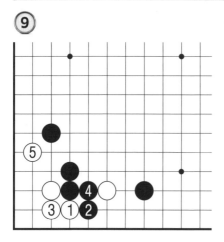

백1로 젖히는 것이 정답입니다. 백
5까지 백은 귀를 차지할 수 있습니
다.

⑩

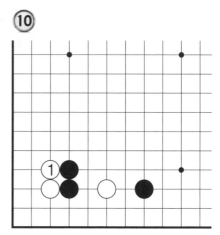

백1로 밀고 나가는 것이 중요합니
다. 이후 백은 두점머리를 젖히는
수를 노리고 있습니다.

⑪

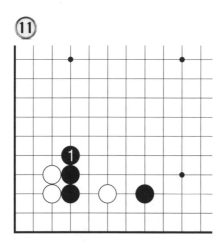

흑1로 뻗는 것이 정답입니다. 흑1은
두점머리에 해당하는 급소입니다.

⑫

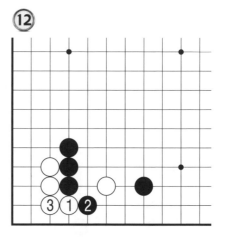

백1 · 3으로 젖혀 잇는 것이 흑의 약
점을 이용하는 방법입니다.

정석이 진행중에 있습니다. 다음의 정석 수는 A~C 중 어느 곳일까요?

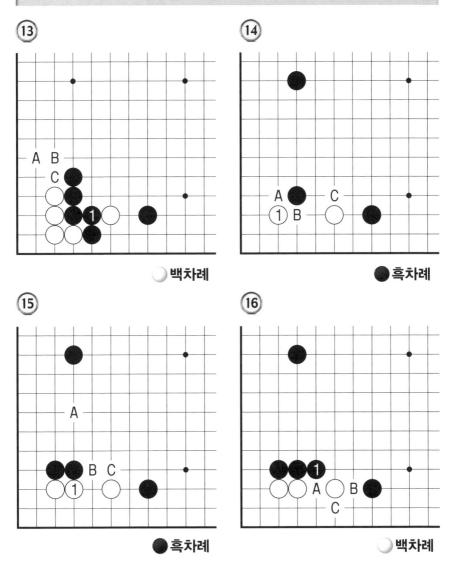

① 백차례

⑭ 흑차례

⑮ 흑차례

⑯ 백차례

⑬

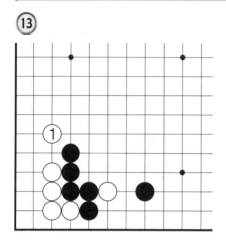

백1로 한칸 뛰어서 변으로 진출하는 것이 정답입니다.

⑭

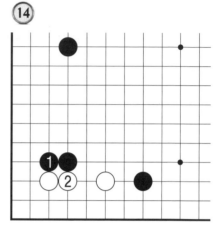

흑1로 막는 것이 좌변에 세력을 구축하는 요령입니다. 백은 2로 연결할 수밖에 없습니다.

⑮

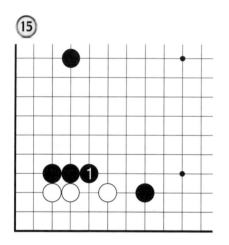

흑1이 두점머리이자 호구가 되는 급소입니다.

⑯

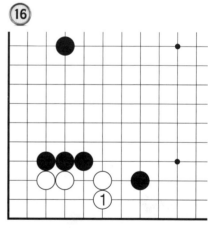

백1로 내려서서 약점을 보강하는 것이 정답입니다.

정석이 진행중에 있습니다. 다음의 정석 수는 A~C 중 어느 곳일까요?

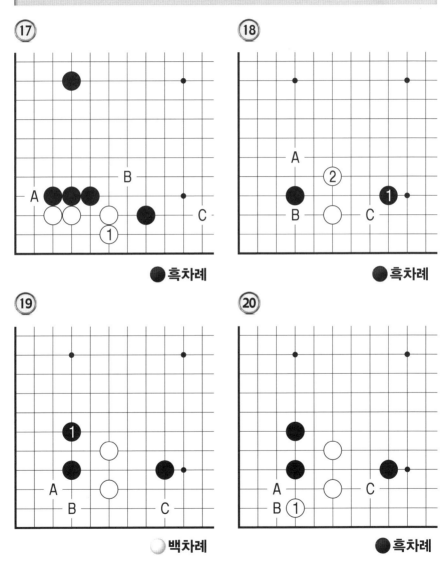

⑰

● 흑차례

⑱

● 흑차례

⑲

○ 백차례

⑳

● 흑차례

⑰

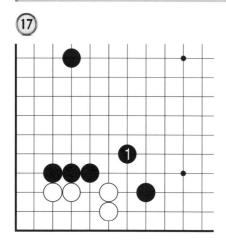

흑1로 날일자해서 백을 봉쇄하는 것이 세력작전을 완성하는 방법입니다.

⑱

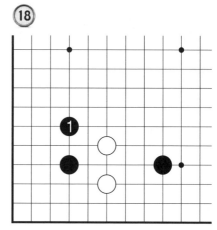

흑1로 한칸 뛰는 것이 정답입니다. 이곳을 방치하면 백이 이곳에 두어 귀의 흑의 봉쇄됩니다.

⑲

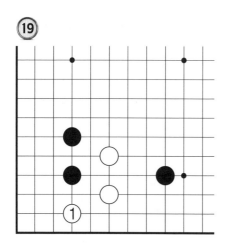

백1로 날일자해서 근거를 차지해야 합니다. 다음 백은 3·三을 노리고 있습니다.

⑳

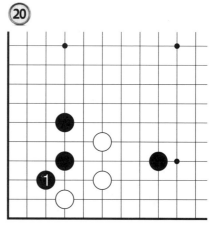

흑1이 백의 근거를 빼앗으면서 자신의 근거를 확보하는 방법입니다.

정석이 진행중에 있습니다. 다음의 정석 수는 A~C 중 어느 곳일까요?

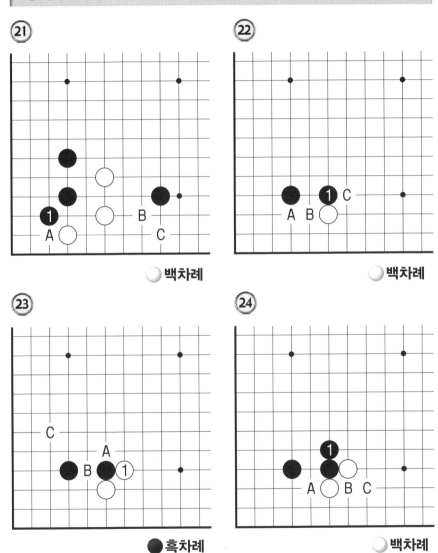

㉑

○백차례

㉒

○백차례

㉓

●흑차례

㉔

○백차례

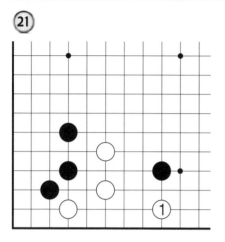

㉑

백1로 눈목자해서 집을 차지하면서 안정을 취하는 것이 중요합니다.

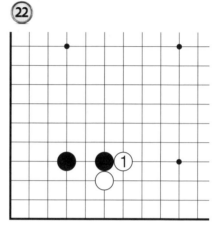

㉒

'붙이면 젖혀라' 라는 격언을 따라 백1로 젖히는 것이 정답입니다.

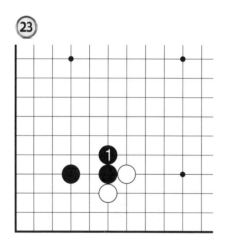

㉓

흑1로 뻗어서 중앙으로 진출하는 것이 정답입니다.

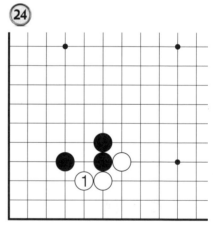

㉔

백1이 호구가 되는 급소입니다. 이후 백은 귀로 밀고 들어가는 수를 노리고 있습니다.

2 기초 정석 문제25~28

정석이 진행중에 있습니다. 다음의 정석 수는 A~C 중 어느 곳일까요?

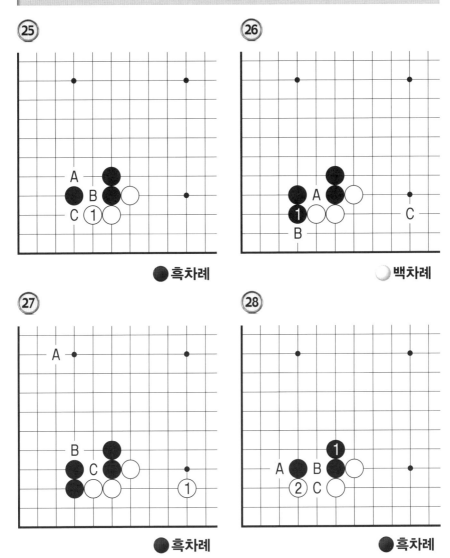

㉕

●흑차례

㉖

◐백차례

㉗

●흑차례

㉘

●흑차례

㉕

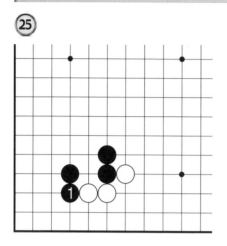

흑1로 막아야 귀에 집을 장만할 수 있습니다.

㉖

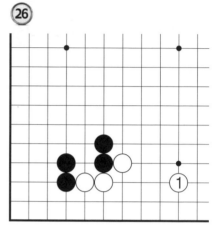

백1로 벌려서 하변에 집을 장만하면서 안정을 취하는 것이 정답입니다.

㉗

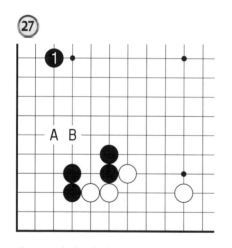

흑1로 넓게 벌리는 것이 정답입니다. 흑1로 튼튼하게 두고 싶다면 A 나 B도 가능합니다.

㉘

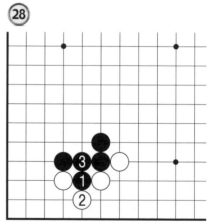

흑1·3으로 끼워 이어야 백 모양에 약점을 만들 수 있습니다.

정석이 진행중에 있습니다. 다음의 정석 수는 A~C 중 어느 곳일까요?

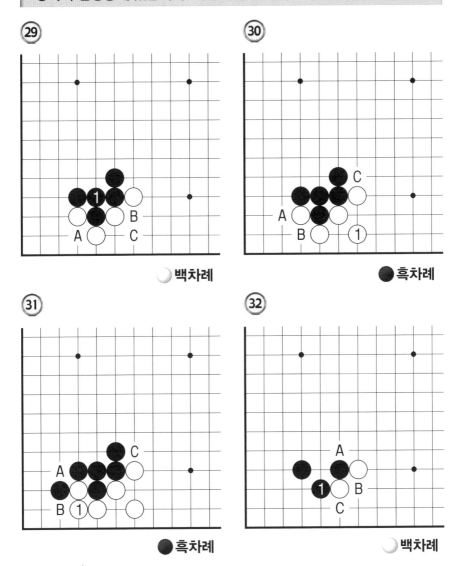

제2장 기초 정석 ::57

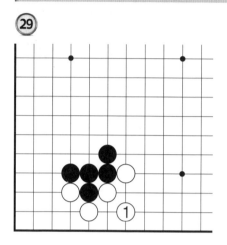

백1로 호구치는 것이 양쪽의 끊기는
약점을 동시에 보강하는 수입니다.

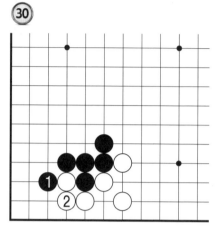

흑1로 단수쳐서 백2로 잇게 하는 것
이 정답입니다. 흑은 선수로 활용을
한 것에 만족합니다.

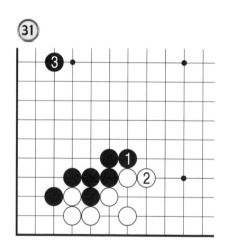

흑1이 두터운 선수활용입니다. 백2
로 보강할 때 흑3으로 벌리면 좌변
에 큰 모양을 만들 수 있습니다.

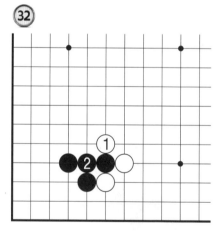

백1로 단수쳐서 흑2로 잇게 하는 것
이 정답입니다. 흑은 잇는 형태가
빈삼각의 우형이 되었습니다.

정석이 진행중에 있습니다. 다음의 정석 수는 A~C 중 어느 곳일까요?

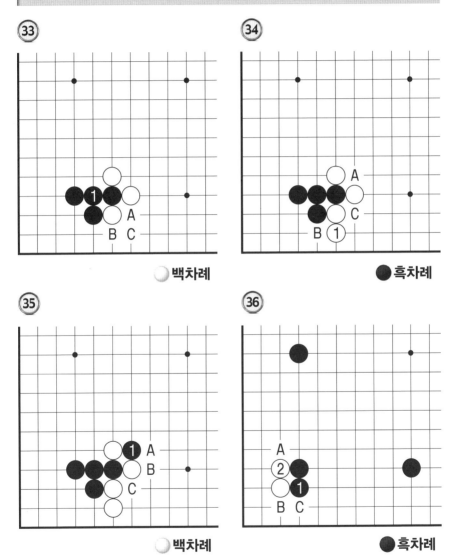

③③

○ 백차례

③④

● 흑차례

③⑤

○ 백차례

③⑥

● 흑차례

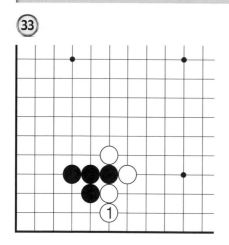

백1로 내려서서 약점을 보강하는 것이 정답입니다.

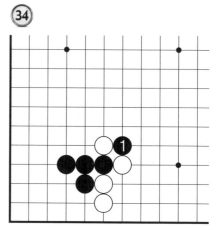

흑1로 끊어서 백의 약점을 추궁하는 것이 좋은 수입니다.

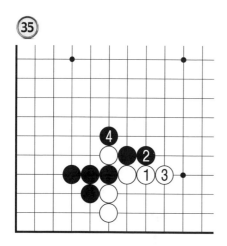

백1로 뻗어서 자신의 약점을 튼튼하게 보강하는 것이 올바른 수입니다. 흑은 2를 선수한 후 4로 단수쳐서 세력을 쌓게 됩니다.

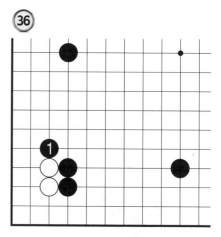

흑1이 두점머리에 해당하는 급소입니다. 흑은 백을 공격하면서 강력한 세력을 구축할 수 있습니다.

2 기초 정석 문제37~40

정석이 진행중에 있습니다. 다음의 정석 수는 A~C 중 어느 곳일까요?

㊲

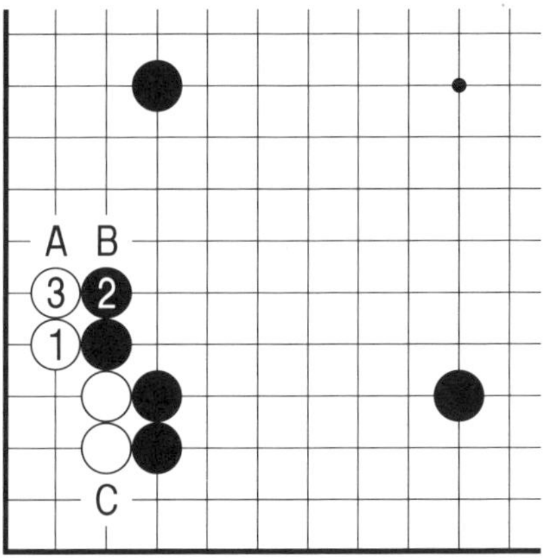

흑차례

㊳

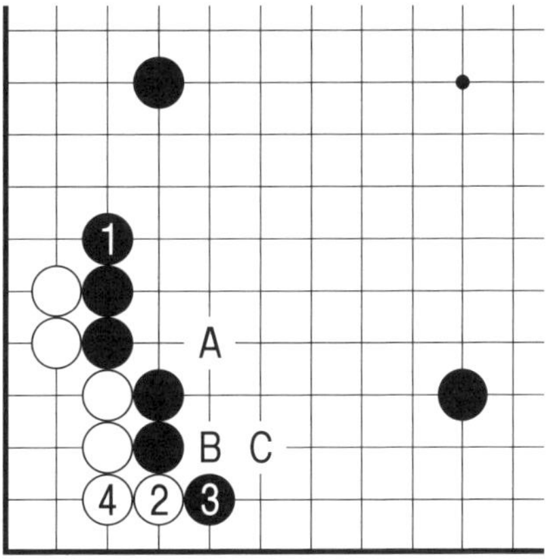

흑차례

㊴

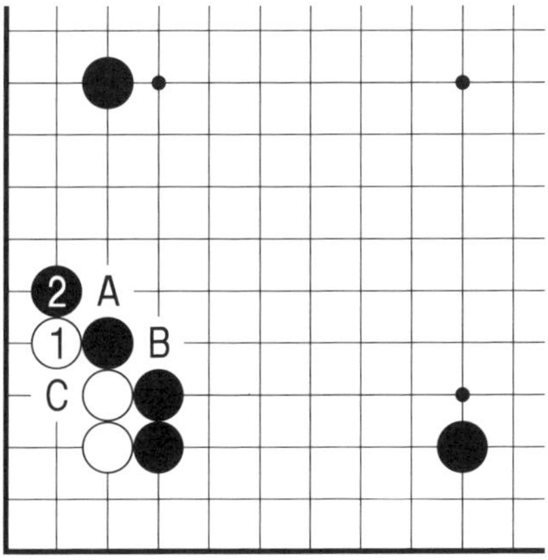

백차례

㊵

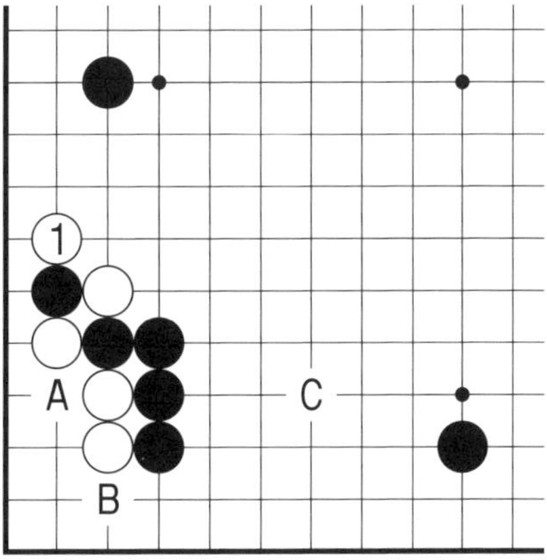

흑차례

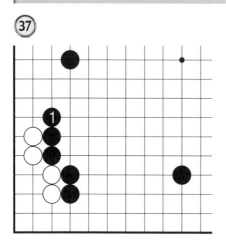

(37)

흑1로 뻗는 것이 급소입니다. 흑은
약점 없이 튼튼하게 두는 것이 중요
합니다.

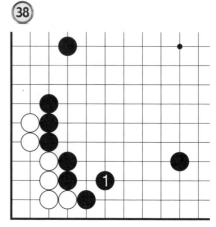

(38)

흑1로 호구쳐서 보강해야 합니다.
흑은 매우 튼튼한 세력을 구축했습
니다.

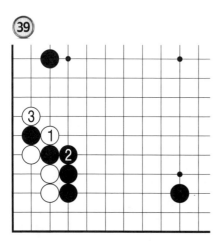

(39)

백1·3으로 단수쳐서 흑 한점을 잡
아야 합니다.

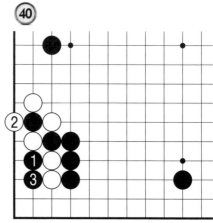

(40)

흑1로 끊은 후 백2 때 흑3으로 단수
치면 귀의 백 두점을 잡을 수 있습
니다.

제3장 행마

행마란 바둑돌을 움직이는 방법을 얘기합니다. 부분 접전에서 돌의 형태에 따라서 나가야 하는 길이 있는데 이 길을 바로 행마라고 부릅니다. 행마법을 정확히 알고 있다면 바둑을 두기가 그만큼 쉬워집니다.

흑의 다음 행마는 A~C 중 어느 곳이 가장 좋을까요?

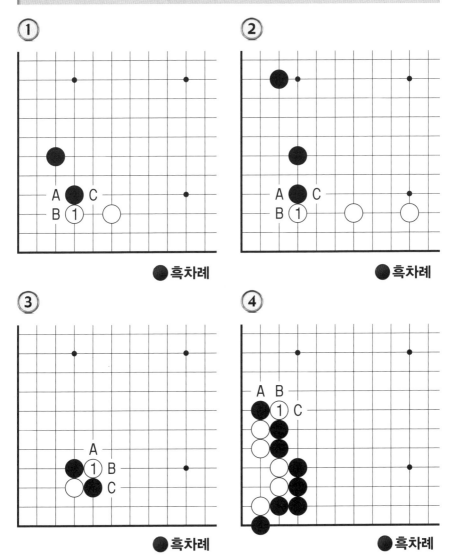

①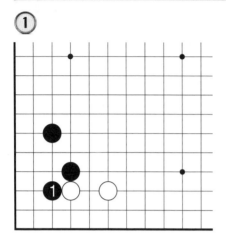

흑1로 젖혀서 단수를 노리는 것이 올바른 행마법입니다.

②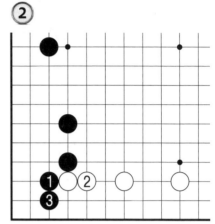

흑1로 젖히는 것이 정답입니다. 백2로 뻗는다면 흑3으로 내려서서 귀를 차지하는 것이 좋습니다.

③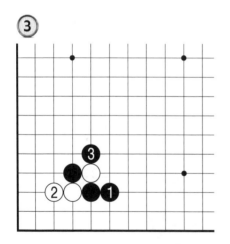

흑1로 뻗는 것이 올바른 행마법입니다. 백2라면 흑3으로 단수쳐서 백 한 점을 축으로 잡을 수 있습니다.

④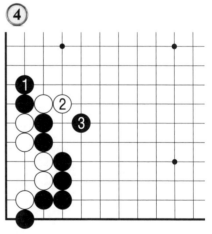

흑1로 뻗는 것이 정답입니다. 백2라면 흑3으로 한칸 뛰는 것이 좋은 행마법입니다.

흑의 다음 행마는 A~C 중 어느 곳이 가장 좋을까요?

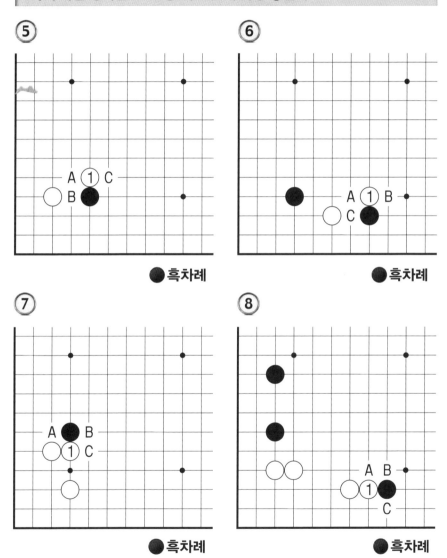

⑤

● 흑차례

⑥

● 흑차례

⑦

● 흑차례

⑧

● 흑차례

⑤

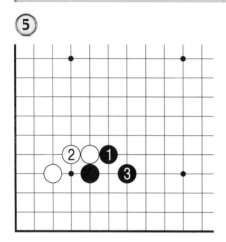

흑1로 젖혀야 합니다. 백2 때 흑3으로 호구치면 튼튼한 모양을 만들 수 있습니다.

⑥

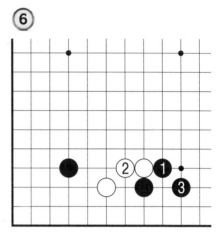

흑1로 젖히는 것이 정답입니다. 백2 때 흑3으로 호구친 수는 하변을 중시한 것입니다.

⑦

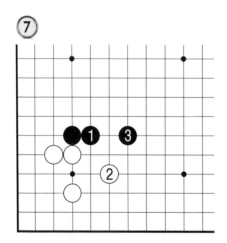

흑1로 뻗는 것이 정답입니다. 백2 때 흑3으로 한칸 뛰어 중앙으로 달아나는 것이 좋은 행마법입니다.

⑧

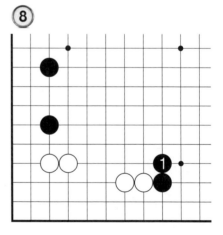

흑1로 올라서는 것이 적절한 행마법입니다.

3 행마 문제9~12

흑의 다음 행마는 A~C 중 어느 곳이 가장 좋을까요?

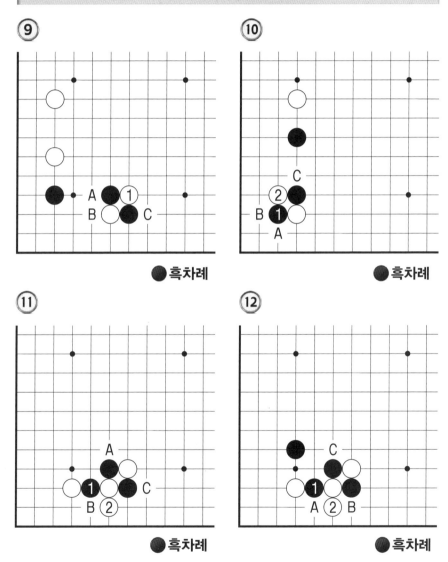

⑨

● 흑차례

⑩

● 흑차례

⑪

● 흑차례

⑫

● 흑차례

⑨

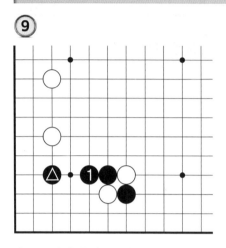

흑1로 뻗어서 흑▲ 한점과의 연결을
중시하는 것이 좋은 행마법입니다.

⑩

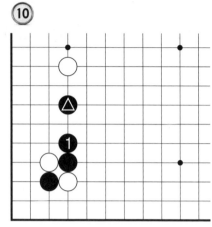

흑1로 뻗어서 흑▲ 한점과의 연결을
중시하는 것이 정답입니다.

⑪

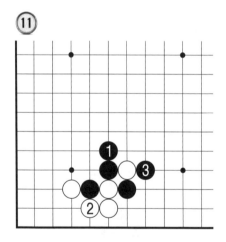

흑1로 뻗는 것이 정답입니다. 백2로 넘
을 때 흑3으로 단수치면 백 한점을 축
으로 잡을 수 있습니다.

⑫

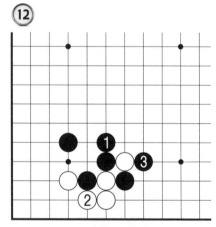

흑1로 뻗는 것이 좋은 행마법입니다.
백2 때 흑3으로 단수쳐서 백 한점을
축으로 잡을 수 있습니다.

흑의 다음 행마는 A~C 중 어느 곳이 가장 좋을까요?

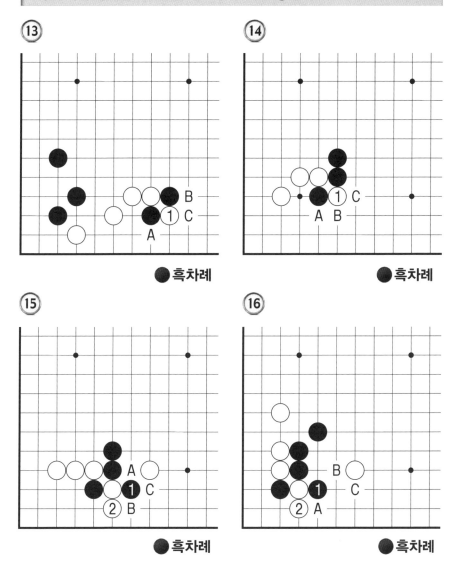

⑬

●흑차례

⑭

●흑차례

⑮

●흑차례

⑯

●흑차례

⑬

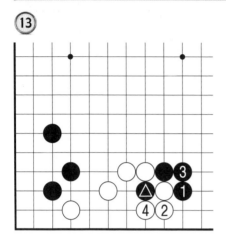

흑1로 단수쳐서 흑⬣ 한점을 사석으로 활용해야 합니다. 백2 때 흑3이 중요한 수로 백4까지 흑은 선수를 취할 수 있습니다.

⑭

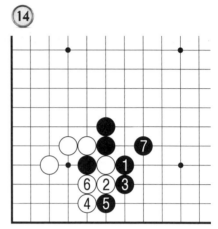

흑1로 단수치는 것이 정답입니다. 흑7까지 흑은 튼튼한 형태를 구축했습니다.

⑮

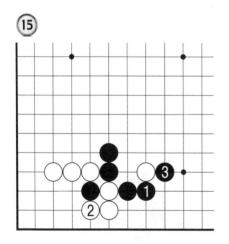

흑1로 두는 것이 좋은 수입니다. 백2 때 흑3으로 젖히면 백 한점을 제압할 수 있습니다.

⑯

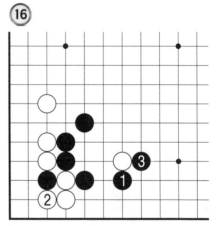

흑1로 붙이는 것이 좋습니다. 백2로 잡을 때 흑3으로 젖히면 튼튼한 모양을 만들 수 있습니다.

흑의 다음 행마는 A~C 중 어느 곳이 가장 좋을까요?

⑰
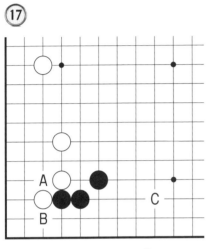

● 흑차례

⑱
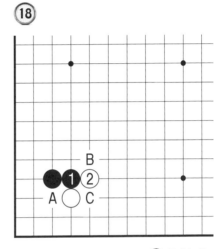

● 흑차례

⑲
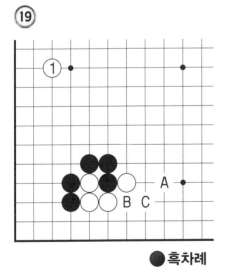

● 흑차례

⑳
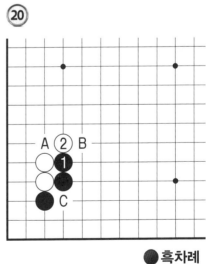

● 흑차례

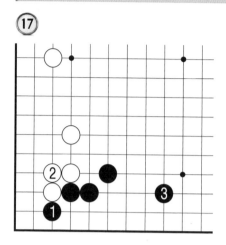

⑰

흑1로 젖혀야 합니다. 백2로 잇는다면 흑3으로 벌려서 하변에 집을 장만합니다.

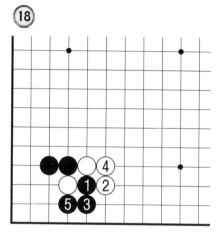

⑱

흑1로 끊는 것이 정답입니다. 백은 2로 단수친 후 4에 잇는 정도인데 흑은 5까지 백 한점을 잡을 수 있습니다.

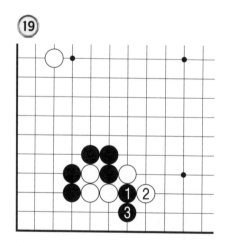

⑲

흑1로 끊어야 합니다. 백2로 단수치면 흑3으로 뻗어서 백 석점을 잡을 수 있습니다.

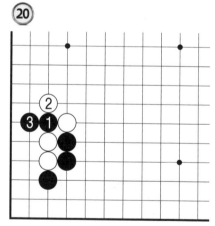

⑳

흑1로 끊어야 합니다. 백2로 단수치면 흑3으로 뻗어서 백 두점을 잡을 수 있습니다.

흑의 다음 행마는 A~C 중 어느 곳이 가장 좋을까요?

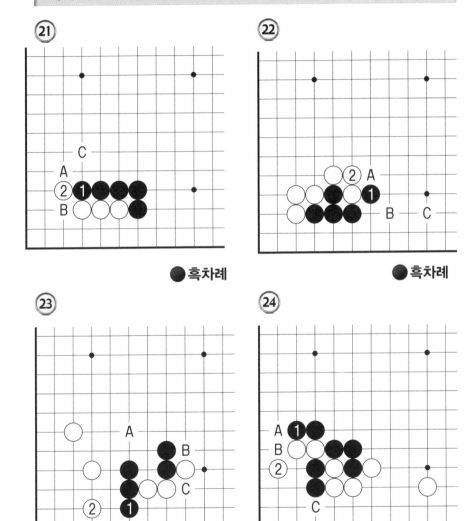

㉑

●흑차례

㉒

●흑차례

㉓

●흑차례

㉔

●흑차례

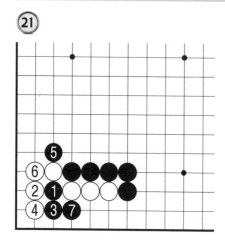

21

흑1로 끊는 것이 정답입니다. 백이 2로 단수친 후 4에 막아도 흑7까지의 진행이면 백이 먼저 잡힙니다.

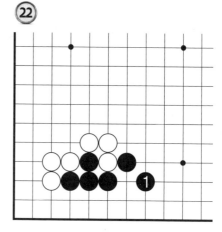

22

흑1로 호구쳐서 튼튼하게 끊기는 약점을 보강하는 것이 정답입니다.

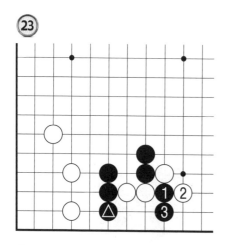

23

흑1로 끊는 것이 정답입니다. 흑3까지의 진행이면 흑▲ 한점이 작용을 해서 백 두점을 잡을 수 있습니다.

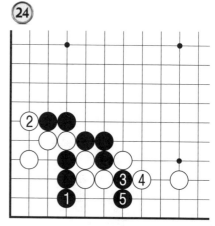

24

흑1로 내려서야 합니다. 백2로 호구친다면 흑3으로 끊어서 백4, 흑5까지 백 석점을 잡을 수 있습니다.

흑의 다음 행마는 A~C 중 어느 곳이 가장 좋을까요?

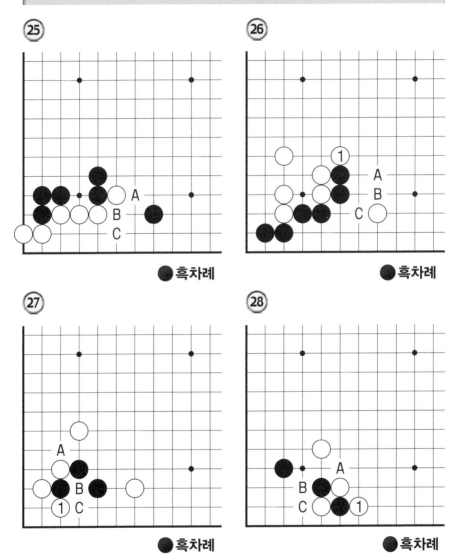

㉕

● 흑차례

㉖

● 흑차례

㉗

● 흑차례

㉘

● 흑차례

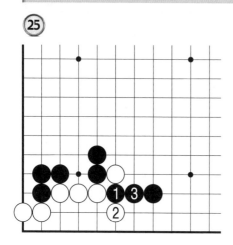

㉕

흑1로 끊어야 합니다. 백2로 단수칠 수밖에 없을 때 흑3으로 연결하면 흑은 튼튼한 세력을 구축할 수 있습니다.

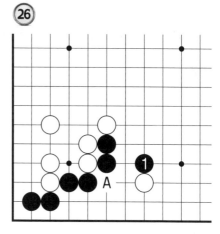

㉖

흑1로 붙여서 백이 A에 끊는 것을 방비하는 것이 정답입니다.

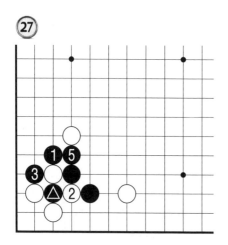

㉗

흑1로 단수쳐야 합니다. 백2로 따낼 때 흑3으로 단수친 후 5에 이으면 튼튼하게 형태를 정비할 수 있습니다. (백4… 흑▲)

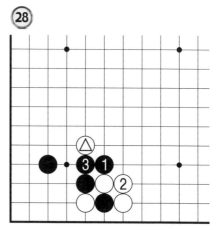

㉘

흑1로 단수친 후 3으로 이으면 백△한 점을 무력화시키며 튼튼한 모양을 만들 수 있습니다.

흑의 다음 행마는 A~C 중 어느 곳이 가장 좋을까요?

㉙

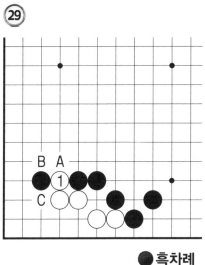

● 흑차례

㉚

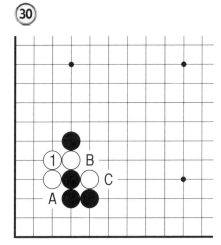

● 흑차례

㉛

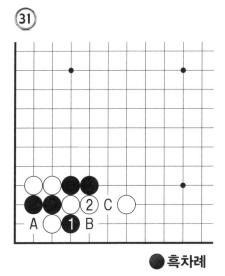

● 흑차례

㉜

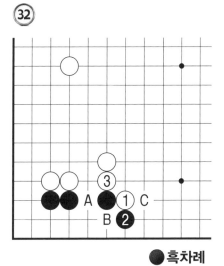

● 흑차례

29

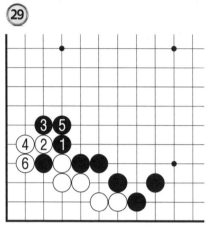

흑1로 막는 것이 정답입니다. 백2로 끊는다면 흑3으로 단수친 후 5에 잇는 것이 좋습니다. 백은 6으로 흑 한점을 잡을 수밖에 없습니다.

30

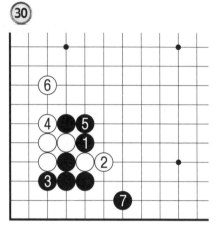

흑1로 끊으면서 단수쳐야 합니다. 백2로 달아날 때 흑3으로 밀고 들어가면 흑7까지 정석이 이루어집니다.

31

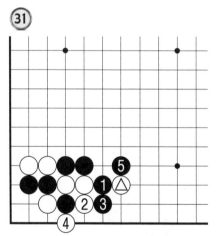

흑1로 단수쳐야 합니다. 흑5까지의 진행이면 귀를 사석으로 삼아 백△ 한점을 제압할 수 있습니다.

32

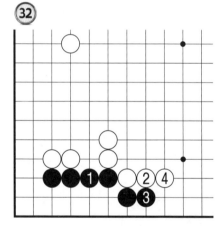

흑1로 잇는 것이 정답입니다. 백2로 뻗는다면 흑3을 선수한 후 백4 때 손을 빼야 합니다.

흑의 다음 행마는 A~C 중 어느 곳이 가장 좋을까요?

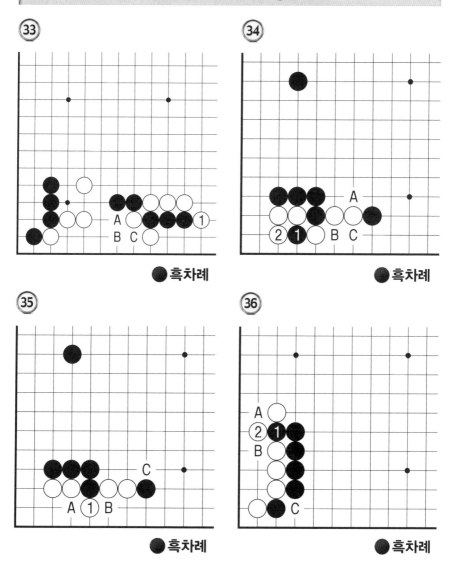

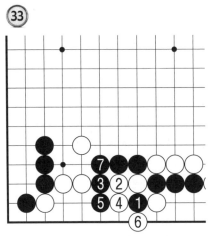

③③

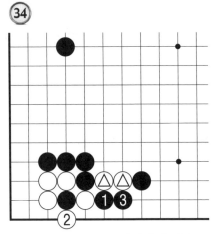

③④

흑1로 끊은 후 이하 흑7까지 좌우 백을
분단시키는 것이 좋은 행마법입니다.

흑1로 끊은 후 3으로 연결하면 백△ 두
점을 미생마로 만들 수 있습니다.

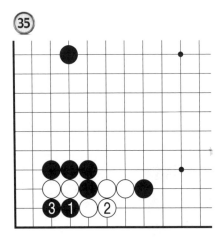

③⑤

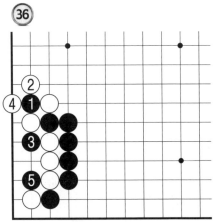

③⑥

흑1로 끊는 것이 정답입니다. 백2로 잇
는다면 흑3으로 단수쳐서 귀의 백 두
점을 잡을 수 있습니다.

흑1로 끊어야 합니다. 백2로 잡는다면
흑3을 선수한 후 5에 단수쳐서 귀의
백 석점을 잡을 수 있습니다.

흑의 다음 행마는 A~C 중 어느 곳이 가장 좋을까요?

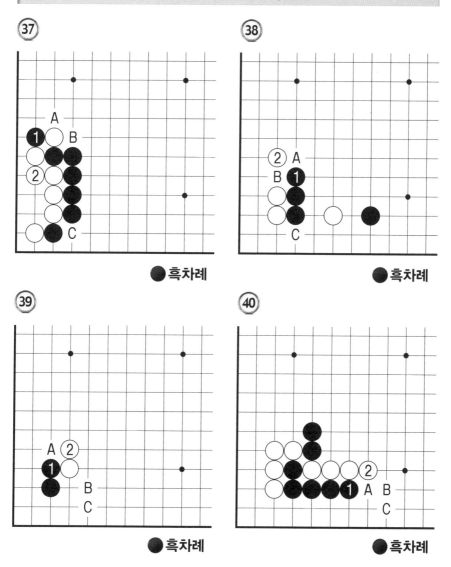

(37)

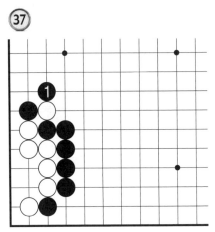

흑1로 단수쳐서 백 한점을 축으로 잡는 것이 정답입니다.

(38)

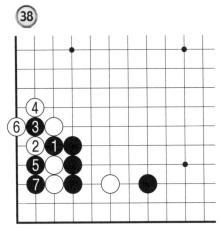

흑1·3으로 나가서 끊는 것이 정답입니다. 백4·6으로 잡을 수밖에 없을 때 흑7까지 단수치면 귀의 백 두점을 잡을 수 있습니다.

(39)

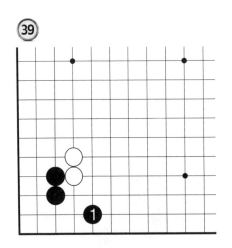

흑1로 날일자해서 변으로의 진출을 시도하는 것이 올바른 행마법입니다.

(40)

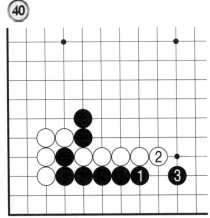

흑1로 민 후 백2 때 흑3으로 한칸 뛰어야 약점 없이 변으로 진출할 수 있습니다.

제 4 장 맥점

바둑은 누가 집을 많이 차지하느냐에 따라서 승패가 갈리
는 게임입니다. 그런데 상대방 돌을 잡을 수만 있으면 잡은
돌로 상대방 집을 메울 수 있으므로 훨씬 더 유리합니다.
이 장을 통해서는 돌을 잡는 기본 기술을 공부하도록 하겠
습니다.

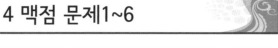

4 맥점 문제1~6

백을 잡을 수 있는 맥을 찾아 수순을 표시하세요.(1~3수 정도)

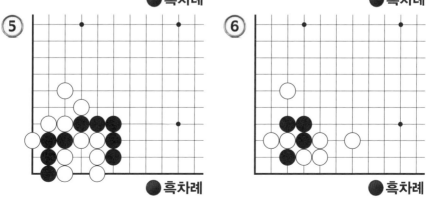

① ● 흑차례

② ● 흑차례

③ ● 흑차례

④ ● 흑차례

⑤ ● 흑차례

⑥ ● 흑차례

①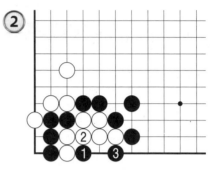

흑1·3으로 공격하면 백을 잡을
수 있습니다.

②

흑1·3으로 공격하면 백을 잡을
수 있습니다.

③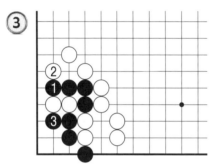

흑1·3으로 공격하면 백을 잡을
수 있습니다.

④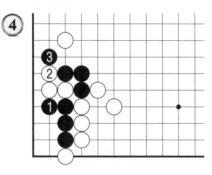

흑1·3으로 공격하면 백을 잡을
수 있습니다.

⑤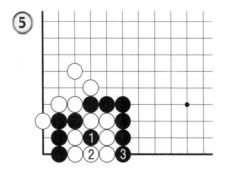

흑1·3으로 공격하면 백을 잡을
수 있습니다.

⑥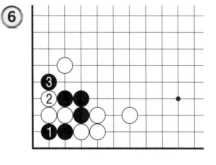

흑1·3으로 공격하면 백을 잡을
수 있습니다.

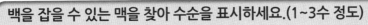

백을 잡을 수 있는 맥을 찾아 수순을 표시하세요.(1~3수 정도)

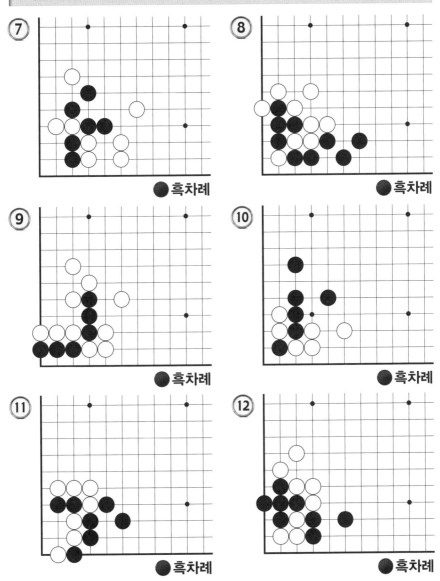

⑦ ●흑차례

⑧ ●흑차례

⑨ ●흑차례

⑩ ●흑차례

⑪ ●흑차례

⑫ ●흑차례

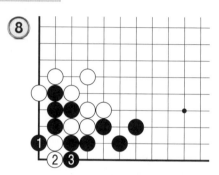

흑1·3으로 공격하면 백을 잡을
수 있습니다.

흑1·3으로 공격하면 백을 잡을
수 있습니다.

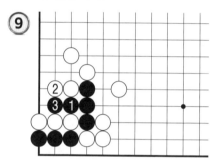

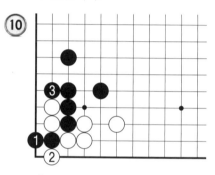

흑1·3으로 공격하면 백을 잡을
수 있습니다.

흑1·3으로 공격하면 백을 잡을
수 있습니다.

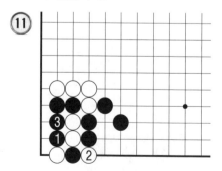

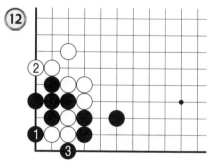

흑1·3으로 공격하면 백을 잡을
수 있습니다.

흑1·3으로 공격하면 백을 잡을
수 있습니다.

백을 잡을 수 있는 맥을 찾아 수순을 표시하세요.(1~3수 정도)

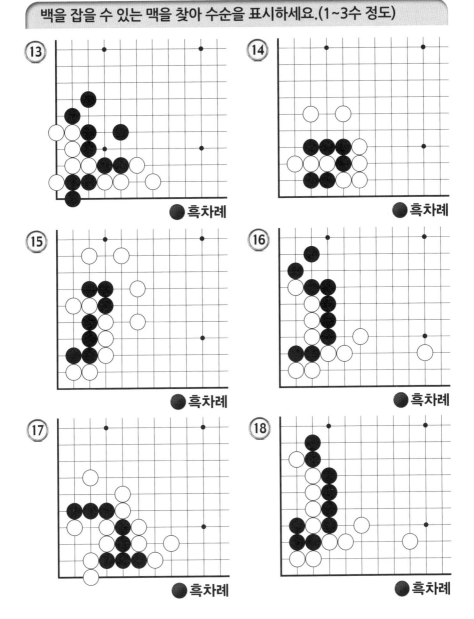

제4장 맥점 :: **91**

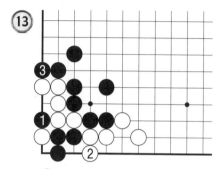

흑1·3으로 공격하면 백을 잡을
수 있습니다.

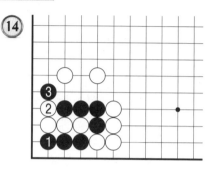

흑1·3으로 공격하면 백을 잡을
수 있습니다.

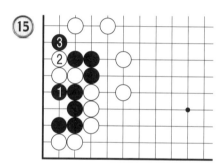

흑1·3으로 공격하면 백을 잡을
수 있습니다.

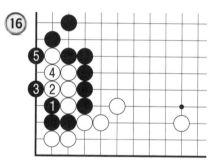

흑1·3으로 단수친 후 5로 막으
면 백을 잡을 수 있습니다.

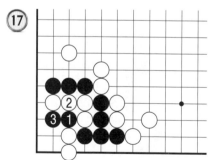

흑1·3으로 공격하면 백을 잡을
수 있습니다.

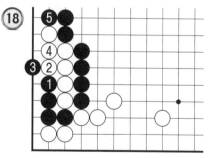

흑1·3으로 단수친 후 5로 막으
면 백을 잡을 수 있습니다.

백을 잡을 수 있는 맥을 찾아 수순을 표시하세요.(1~3수 정도)

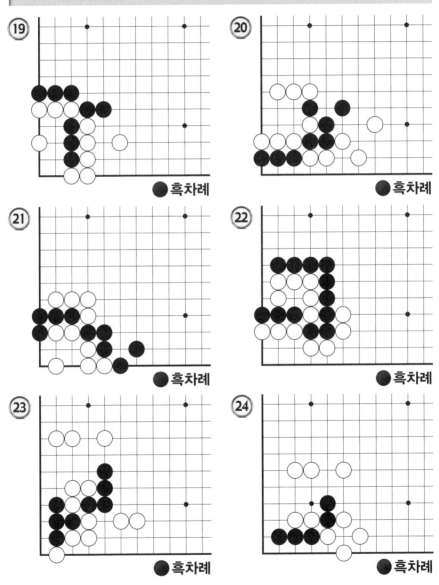

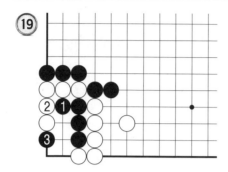

흑1·3으로 공격하면 백을 잡을 수 있습니다.

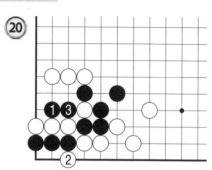

흑1·3으로 공격하면 백을 잡을 수 있습니다.

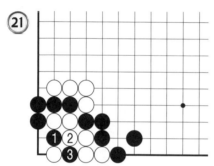

흑1·3으로 공격하면 백을 잡을 수 있습니다.

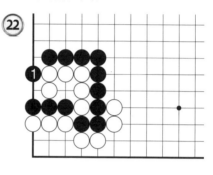

흑1로 젖히면 백을 자충으로 유도해서 잡을 수 있습니다.

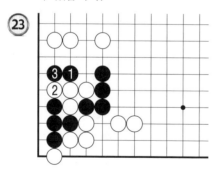

흑1·3으로 공격하면 백을 잡을 수 있습니다.

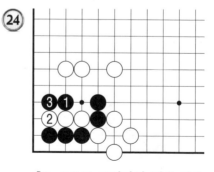

흑1·3으로 공격하면 백을 잡을 수 있습니다.

백을 잡을 수 있는 맥을 찾아 수순을 표시하세요.(1~3수 정도)

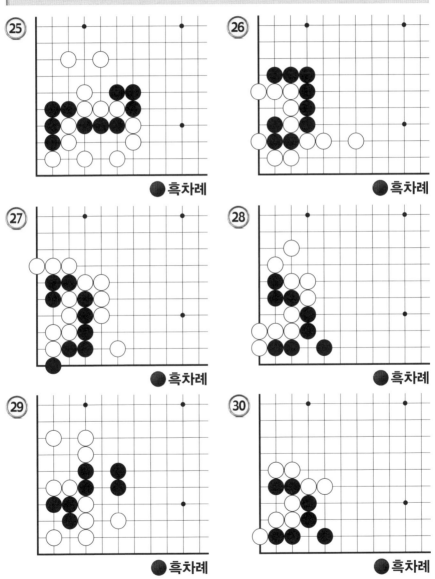

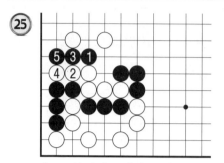

흑1로 붙인 후 5까지 공격하면 백을 잡을 수 있습니다.

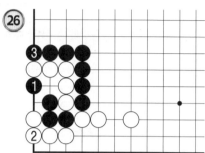

흑1·3으로 공격하면 백을 잡을 수 있습니다.

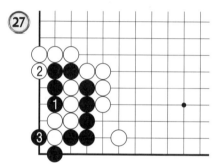

흑1·3으로 공격하면 백을 잡을 수 있습니다.

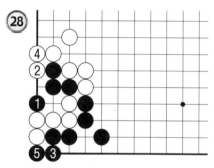

흑1로 둔 후 흑5까지 공격하면 자충을 이용해서 백을 잡을 수 있습니다.

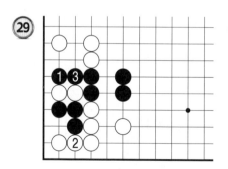

흑1·3으로 공격하면 백을 잡을 수 있습니다.

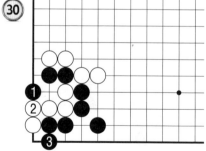

흑1·3으로 공격하면 백을 잡을 수 있습니다.

4 맥점 문제31~36

백을 잡을 수 있는 맥을 찾아 수순을 표시하세요.(1~3수 정도)

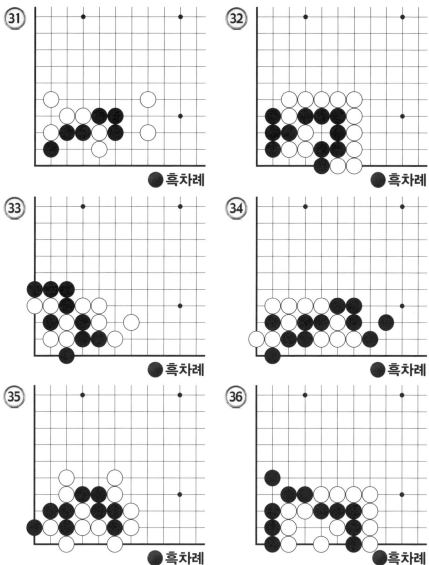

③31

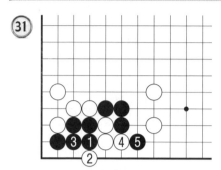

흑1로 막은 후 백2 · 4 때 흑5로
공격하면 백을 잡을 수 있습니다.

③32

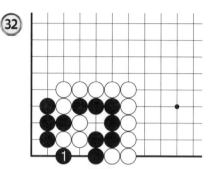

흑1로 젖히면 백을 자충으로 유
도해서 잡을 수 있습니다.

③33

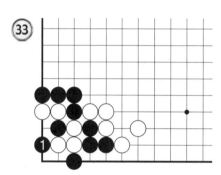

흑1로 젖히면 환격을 이용해서
백을 잡을 수 있습니다.

③34

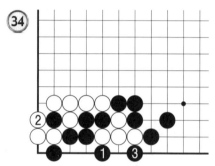

흑1 · 3으로 공격하면 백을 잡을
수 있습니다.

③35

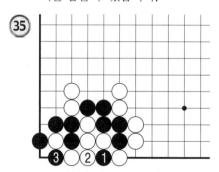

흑1 · 3으로 공격하면 백을 잡을
수 있습니다.

③36

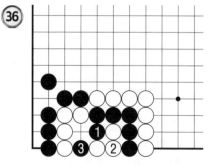

흑1 · 3으로 공격하면 백을 잡을
수 있습니다.

4 맥점 문제37~42

백을 잡을 수 있는 맥을 찾아 수순을 표시하세요.(1~3수 정도)

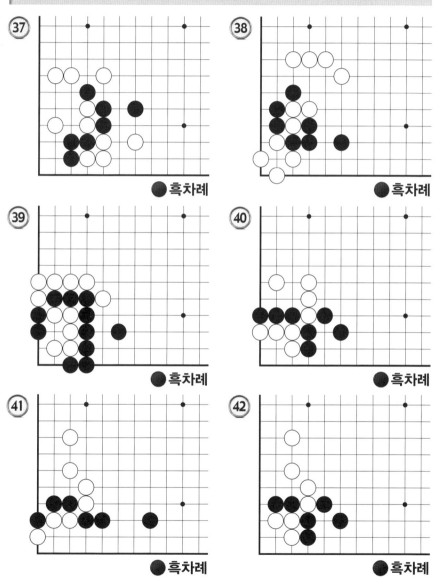

(37)

흑1·3으로 공격하면 백을 잡을
수 있습니다.

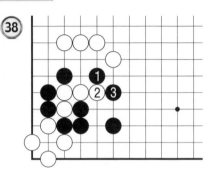

(38)

흑1·3으로 공격하면 백을 잡을
수 있습니다.

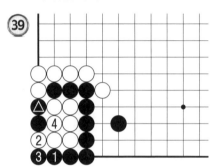

(39)

흑1로 둔 후 백2 때 흑3·5로 단수
치면 백을 환격으로 유도해서 잡을
수 있습니다.(흑5…흑▲)

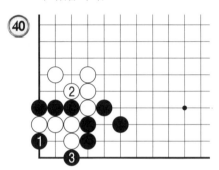

(40)

흑1·3으로 공격하면 백을 잡을
수 있습니다.

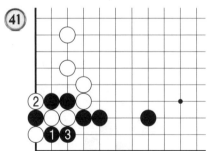

(41)

흑1·3으로 공격하면 백을 잡을
수 있습니다.

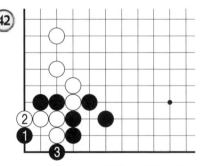

(42)

흑1·3으로 공격하면 백을 잡을
수 있습니다.

백을 잡을 수 있는 맥을 찾아 수순을 표시하세요.(1~3수 정도)

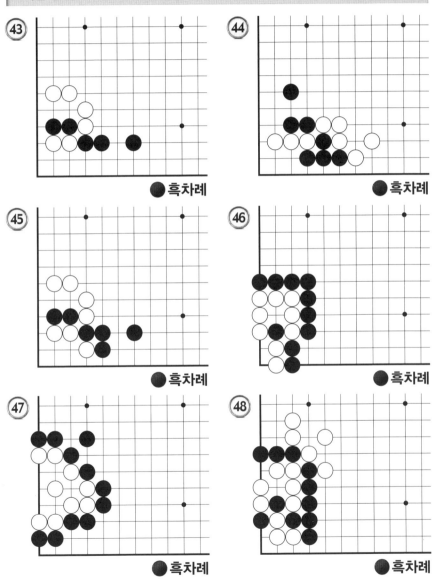

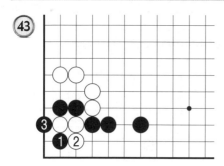

흑1·3으로 공격하면 백을 잡을 수 있습니다.

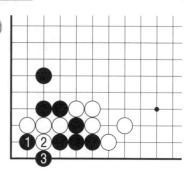

흑1·3으로 공격하면 백을 잡을 수 있습니다.

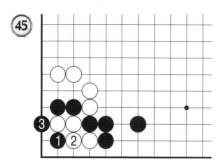

흑1·3으로 공격하면 백을 잡을 수 있습니다.

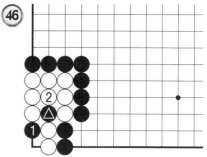

흑1·3으로 공격하면 백을 환격으로 유도해서 잡을 수 있습니다.(흑3···흑●)

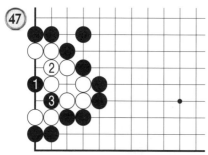

흑1·3으로 공격하면 백을 잡을 수 있습니다.

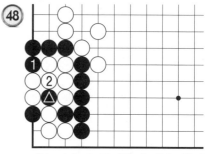

흑1·3으로 공격하면 백을 환격으로 유도해서 잡을 수 있습니다.(흑3···흑●)

4 맥점 문제49~54

백을 잡을 수 있는 맥을 찾아 수순을 표시하세요.(1~3수 정도)

49

●흑차례

50

●흑차례

51

●흑차례

52

●흑차례

53

●흑차례

54

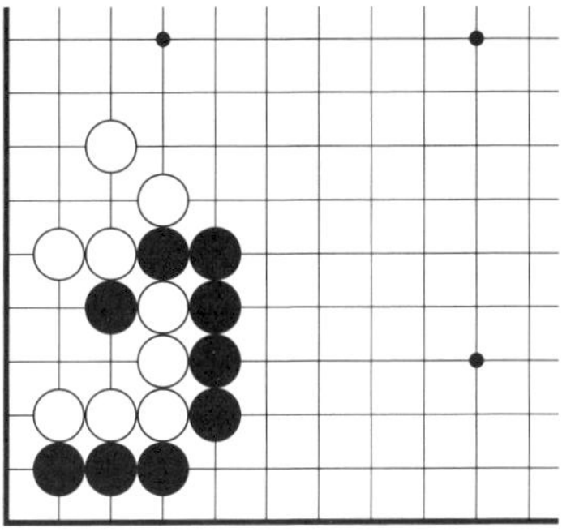

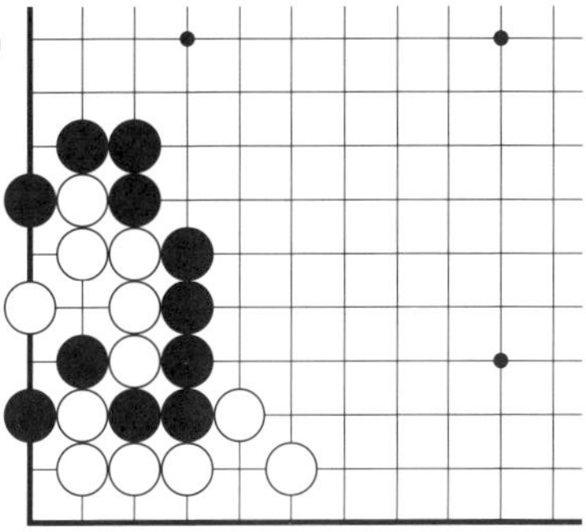

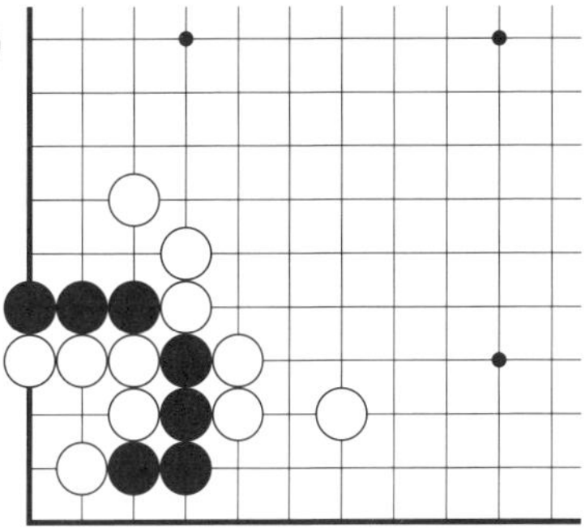

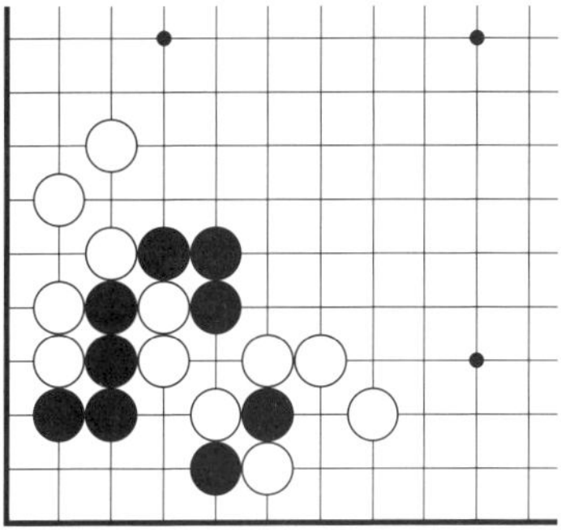

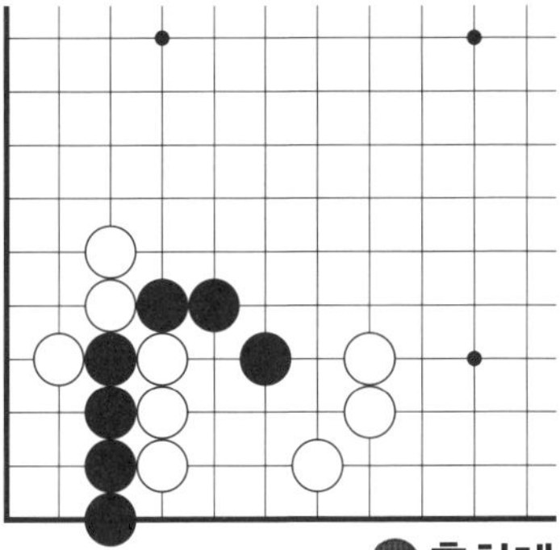

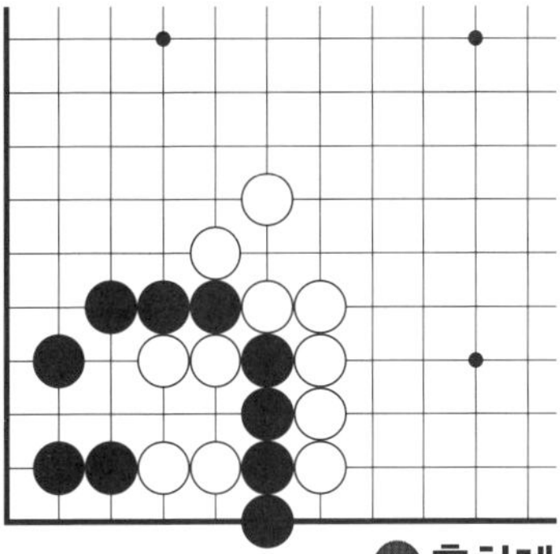

●흑차례

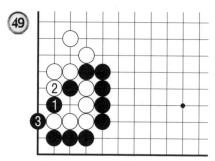

흑1 · 3으로 공격하면 백을 잡을
수 있습니다.

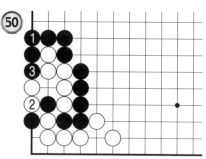

흑1 · 3으로 공격하면 백을 환격
으로 유도해서 잡을 수 있습니다.

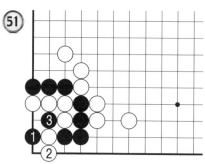

흑1 · 3으로 공격하면 백을 잡을
수 있습니다.

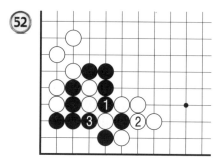

흑1 · 3으로 공격하면 백을 잡을
수 있습니다.

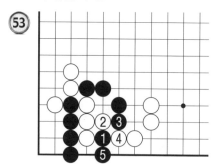

흑1로 붙인 후 백2 · 4 때 흑3 · 5
로 공격하면 백을 잡을 수 있습니
다.

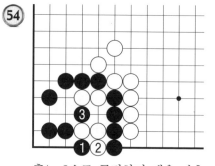

흑1 · 3으로 공격하면 백을 자충
으로 유도해서 잡을 수 있습니다.

백을 잡을 수 있는 맥을 찾아 수순을 표시하세요.(1~3수 정도)

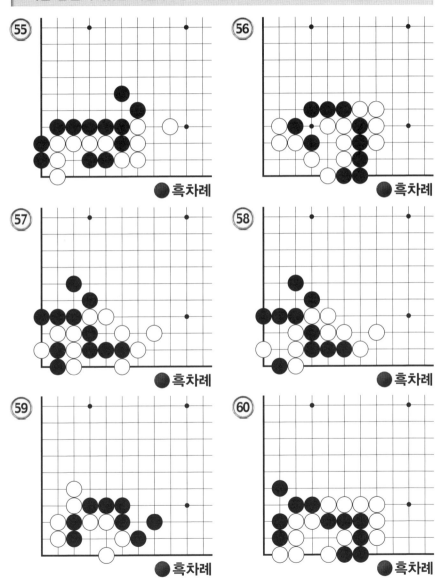

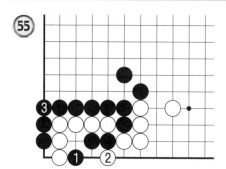

흑1·3으로 공격하면 백을 잡을
수 있습니다.

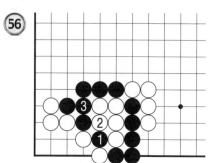

흑1·3으로 공격하면 백을 촉촉수
로 유도해서 잡을 수 있습니다.

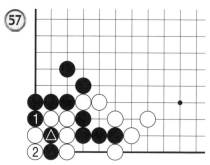

흑1·3으로 공격하면 백을 잡을
수 있습니다.(흑3…흑▲)

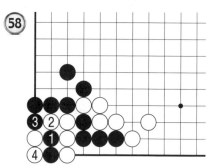

흑1·3으로 키워 죽인 후 흑5로
단수치면 백을 잡을 수 있습니
다.(흑5…흑1)

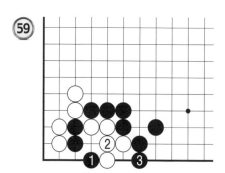

흑1·3으로 공격하면 백을 잡을
수 있습니다.

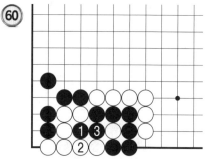

흑1·3으로 공격하면 백을 잡을
수 있습니다.

백을 잡을 수 있는 맥을 찾아 수순을 표시하세요.(1~3수 정도)

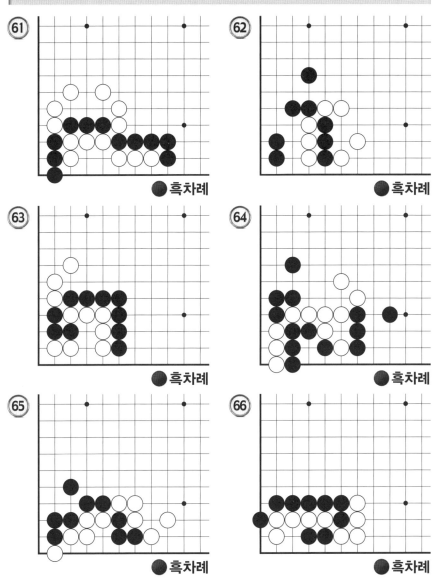

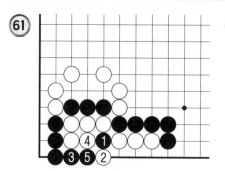

흑1로 끊은 후 3 · 5로 수를 조이
면 백을 잡을 수 있습니다.

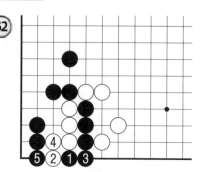

흑1 · 3으로 수를 줄인 후 5로 막
으면 백을 잡을 수 있습니다.

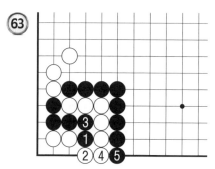

흑1로 끼운 후 5까지 수를 줄이면
백을 촉촉수로 잡을 수 있습니다.

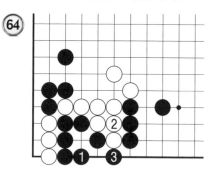

흑1 · 3으로 공격하면 백을 잡을
수 있습니다.

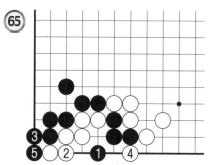

흑1로 둔 후 백2 때 흑3 · 5로 수
를 줄이면 백을 잡을 수 있습니다.

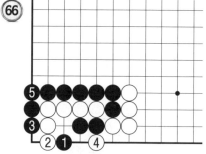

흑1 · 3으로 자충을 유도한 후 5
로 수를 줄이면 백을 잡을 수 있
습니다.

4 맥점 문제67~72

백을 잡을 수 있는 맥을 찾아 수순을 표시하세요.(1~3수 정도)

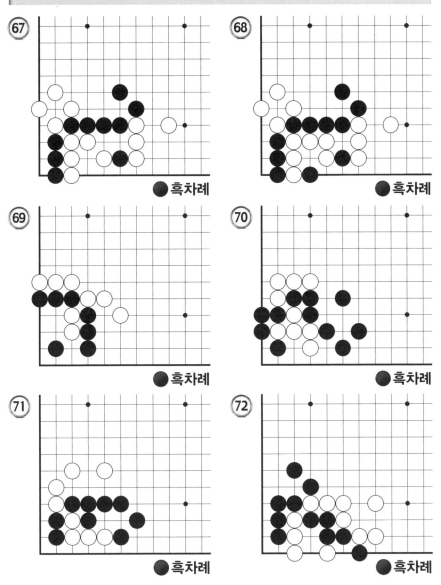

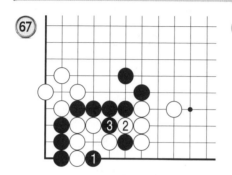

흑1·3으로 공격하면 백을 잡을
수 있습니다.

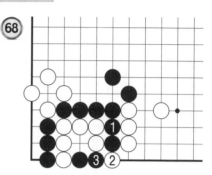

흑1·3으로 공격하면 백을 잡을
수 있습니다.

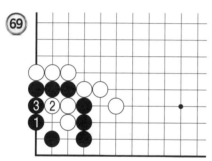

흑1·3으로 공격하면 백을 잡을
수 있습니다.

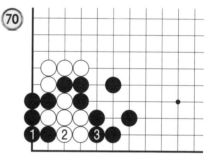

흑1·3으로 공격하면 백을 잡을
수 있습니다.

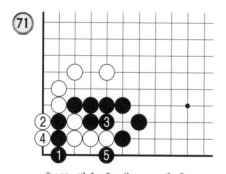

흑1로 뻗은 후 백2·4 때 흑3·5
로 수를 줄이면 백을 잡을 수 있
습니다.

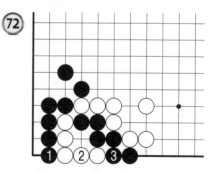

흑1·3으로 공격하면 백을 잡을
수 있습니다.

4 맥점 문제 73~78

백을 잡을 수 있는 맥을 찾아 수순을 표시하세요.(1~3수 정도)

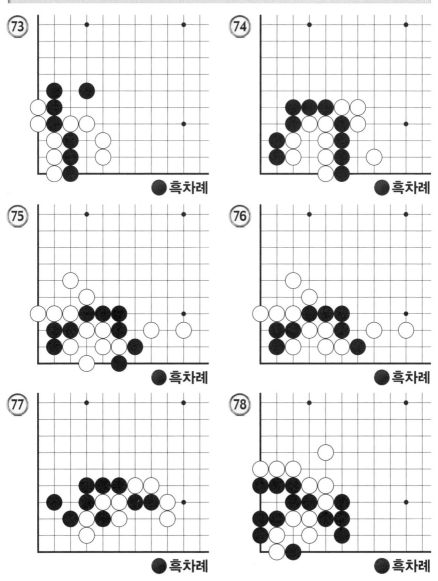

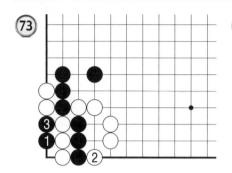

흑1·3으로 공격하면 백을 잡을
수 있습니다.

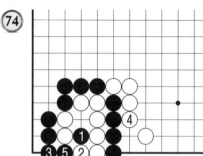

흑1로 파호한 후 백2 때 흑3·5로
공격하면 백을 잡을 수 있습니다.

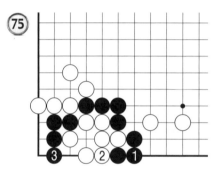

흑1·3으로 공격하면 백을 잡을
수 있습니다.

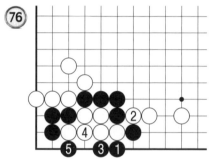

흑1로 젖힌 후 백2 때 흑3·5로
공격하면 백을 잡을 수 있습니다.

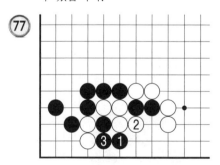

흑1·3으로 공격하면 백을 잡을
수 있습니다.

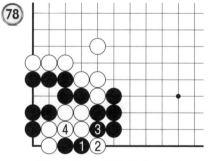

흑1·3으로 키워 죽인 후 흑5로
먹여치면 백을 잡을 수 있습니
다.(흑5…흑1)

백을 잡을 수 있는 맥을 찾아 수순을 표시하세요.(1~3수 정도)

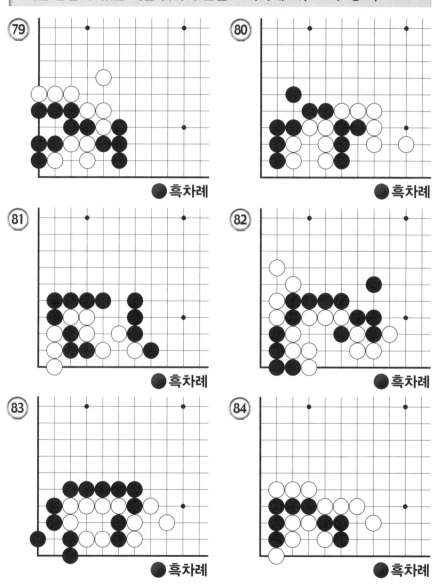

79 ● 흑차례

80 ● 흑차례

81 ● 흑차례

82 ● 흑차례

83 ● 흑차례

84 ● 흑차례

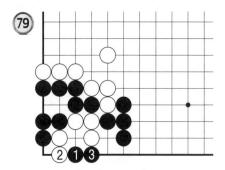

흑1·3으로 공격하면 백을 잡을
수 있습니다.

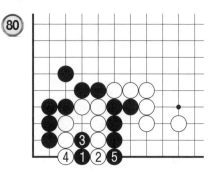

흑1·3으로 공격하면 백을 잡을
수 있습니다.

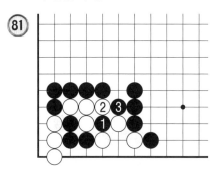

흑1·3으로 공격하면 백을 잡을
수 있습니다.

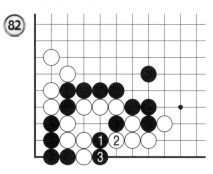

흑1·3으로 공격하면 백을 잡을
수 있습니다.

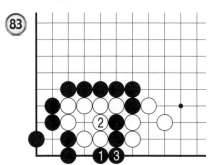

흑1·3으로 공격하면 백을 잡을
수 있습니다.

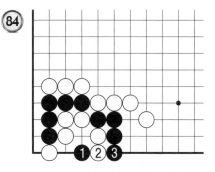

흑1·3으로 공격하면 백을 잡을
수 있습니다.

백을 잡을 수 있는 맥을 찾아 수순을 표시하세요.(1~3수 정도)

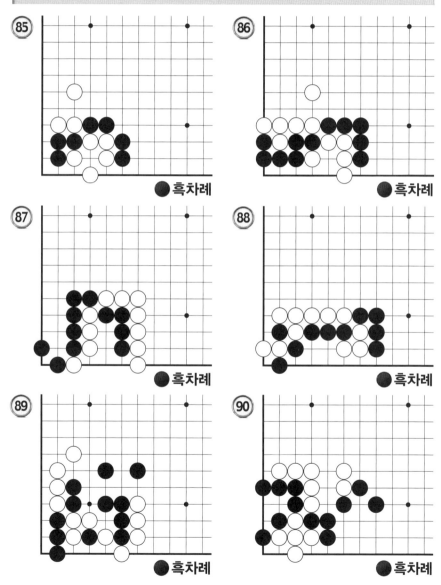

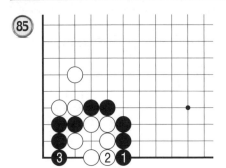

흑1·3으로 공격하면 백을 잡을
수 있습니다.

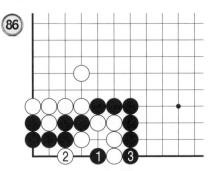

흑1·3으로 공격하면 백을 잡을
수 있습니다.

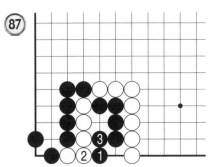

흑1·3으로 공격하면 백을 잡을
수 있습니다.

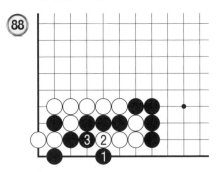

흑1·3으로 공격하면 백을 잡을
수 있습니다.

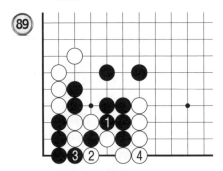

흑1·3으로 공격하면 백을 잡을
수 있습니다.

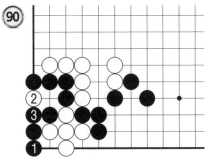

흑1·3으로 공격하면 백을 잡을
수 있습니다.

4 맥점 문제91~96

백을 잡을 수 있는 맥을 찾아 수순을 표시하세요.(1~3수 정도)

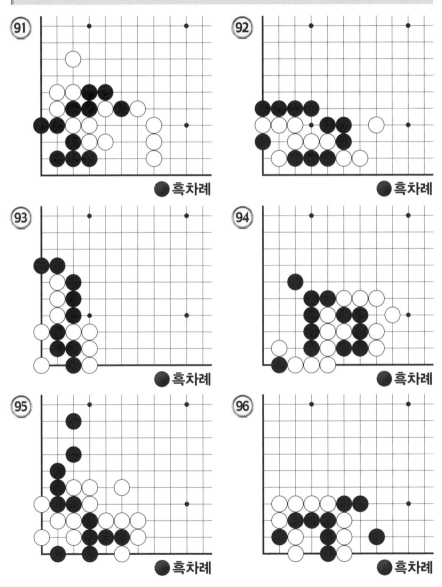

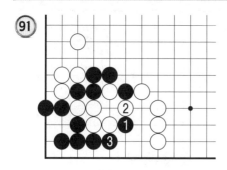

흑1·3으로 공격하면 백을 잡을
수 있습니다.

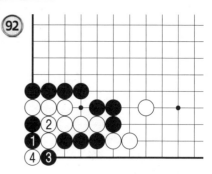

흑1로 둔 후 백2 때 흑3·5로 공격하
면 백을 잡을 수 있습니다. (흑5…흑1)

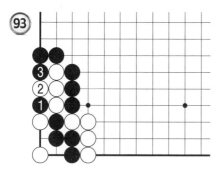

흑1·3으로 공격하면 백을 잡을
수 있습니다.

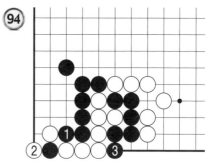

흑1·3으로 공격하면 백을 잡을
수 있습니다.

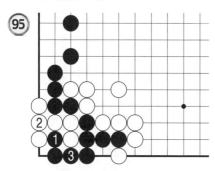

흑1·3으로 공격하면 백을 잡을
수 있습니다.

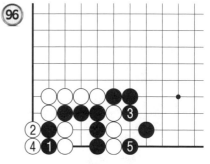

흑1로 키워 죽인 후 3·5로 공격
하면 백을 잡을 수 있습니다.

4 맥점 문제97~102

백을 잡을 수 있는 맥을 찾아 수순을 표시하세요.(1~3수 정도)

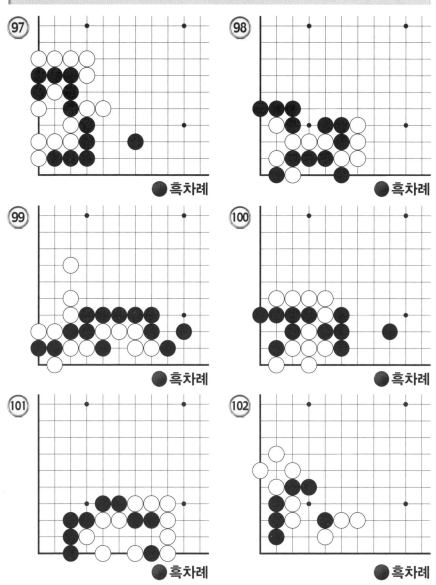

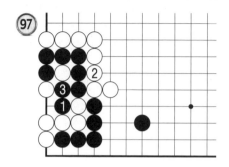

흑1·3으로 공격하면 백을 잡을
수 있습니다.

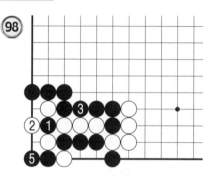

흑1·3으로 수를 줄인 후 5로 뻗으면
백을 잡을 수 있습니다.(백4…흑1)

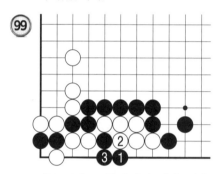

흑1·3으로 공격하면 백을 잡을
수 있습니다.

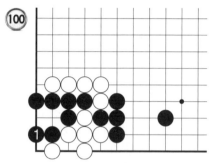

흑1로 뻗으면 백을 유가무가로
유도해서 잡을 수 있습니다.

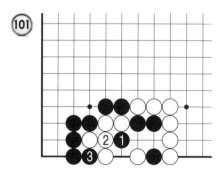

흑1·3으로 공격하면 백을 잡을
수 있습니다.

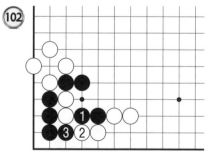

흑1·3으로 공격하면 백을 잡을
수 있습니다.

4 맥점 문제103~108

백을 잡을 수 있는 맥을 찾아 수순을 표시하세요.(1~3수 정도)

103

흑차례

104

흑차례

105

흑차례

106

흑차례

107

흑차례

108

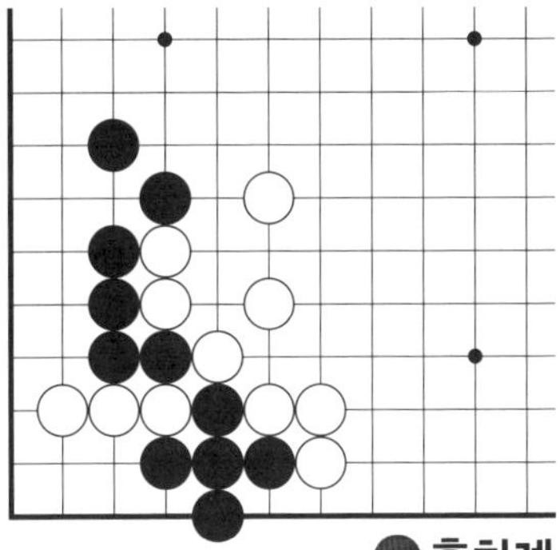

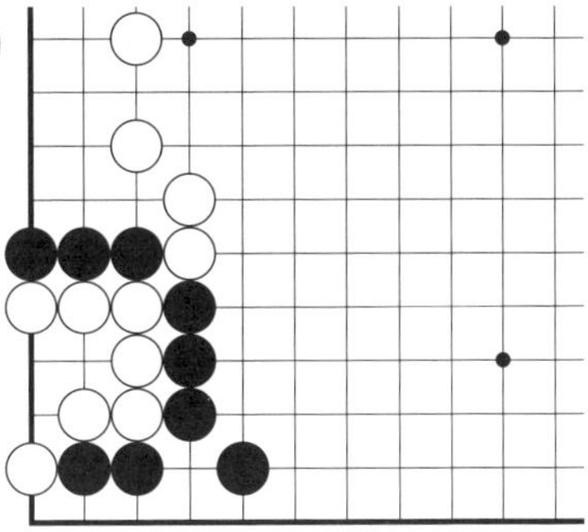

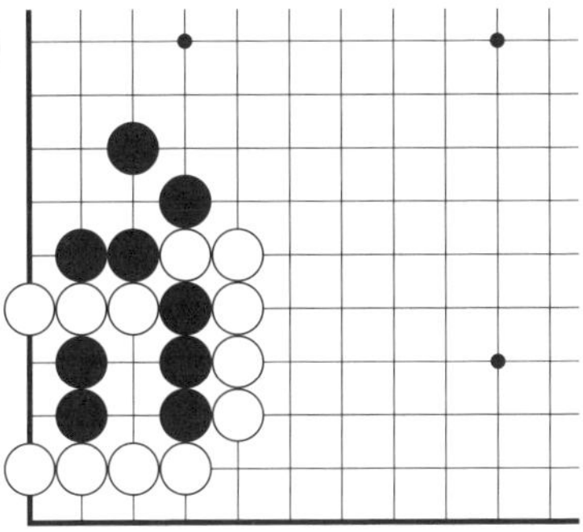

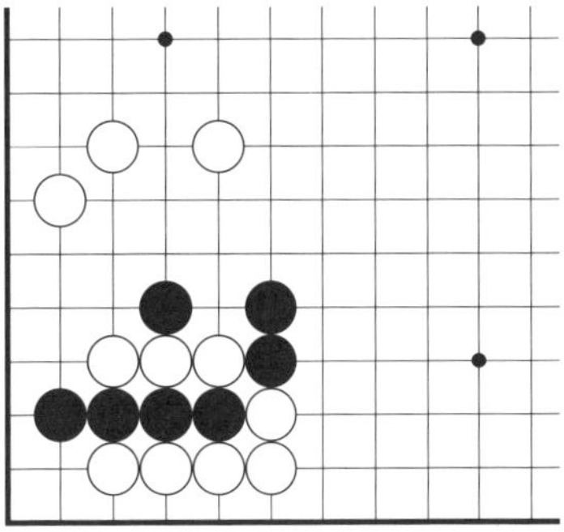

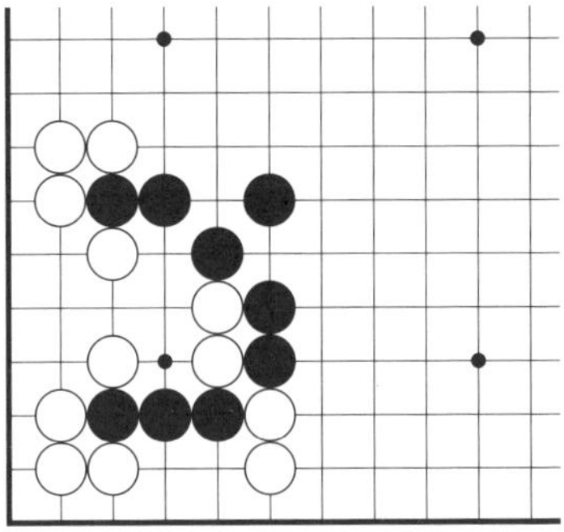

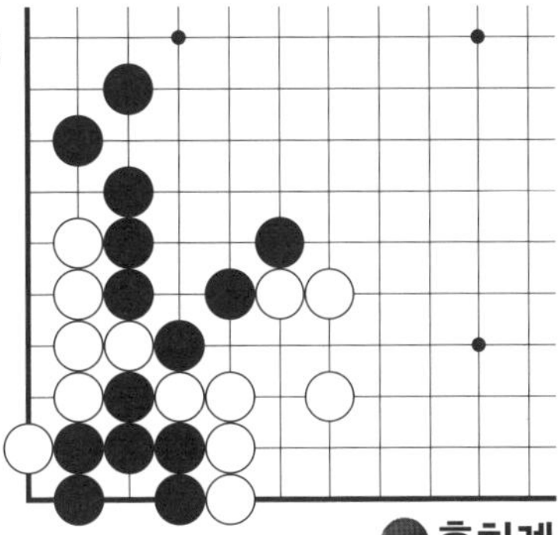

흑차례

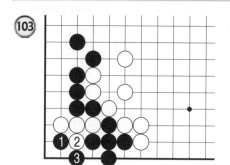

(103)

흑1·3으로 공격하면 백을 잡을
수 있습니다.

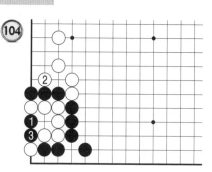

(104)

흑1·3으로 공격하면 백을 잡을
수 있습니다.

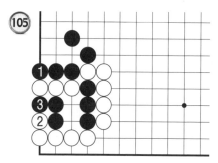

(105)

흑1·3으로 공격하면 백을 잡을
수 있습니다.

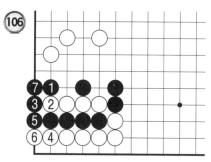

(106)

흑1로 붙인 후 백2 때 흑3으로 넘
으면 이하 흑7까지 백을 잡을 수
있습니다.

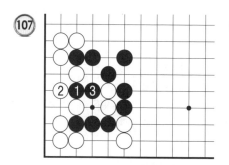

(107)

흑1·3으로 공격하면 백을 잡을
수 있습니다.

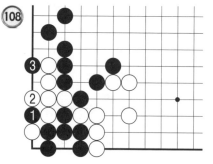

(108)

흑1·3으로 공격하면 유가무가로
유도해서 백을 잡을 수 있습니다.

백을 잡을 수 있는 맥을 찾아 수순을 표시하세요.(1~3수 정도)

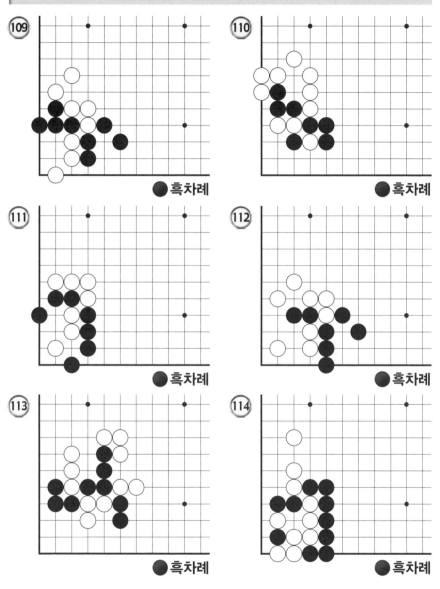

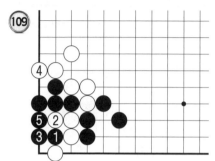

흑1로 붙인 후 백2 때 흑3으로 뻗으면 백4, 흑5까지 백을 잡을 수 있습니다.

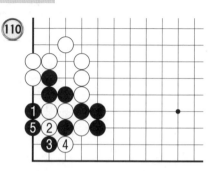

흑1로 단수친 후 3·5로 공격하면 백을 연단수로 유도해서 잡을 수 있습니다.

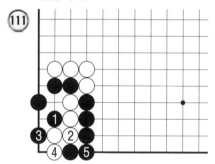

흑1로 둔 후 백2 때 흑3·5로 공격하면 백을 잡을 수 있습니다.

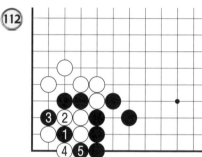

흑1로 끼운 후 3·5로 공격하면 백을 잡을 수 있습니다.

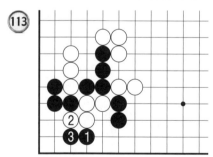

흑1·3으로 공격하면 백을 잡을 수 있습니다.

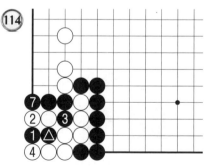

흑1로 키운 후 백2 때 흑3 이하 7까지 공격하면 백을 잡을 수 있습니다.(흑5…흑●, 백6…흑1)

4 맥점 문제|115~120

백을 잡을 수 있는 맥을 찾아 수순을 표시하세요.(1~3수 정도)

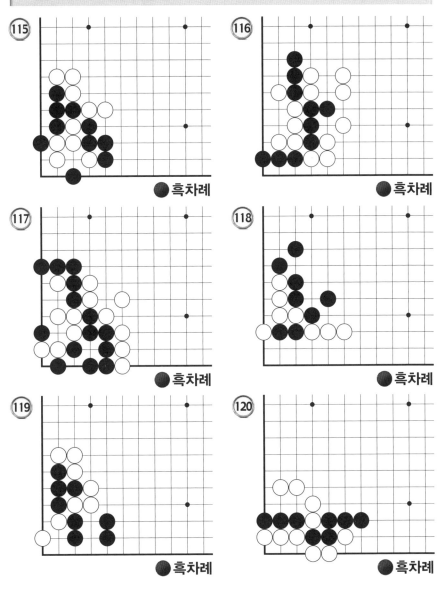

제4장 맥점 :: 125

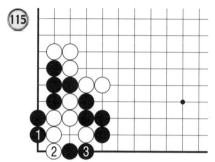

흑1·3으로 공격하면 백을 잡을
수 있습니다.

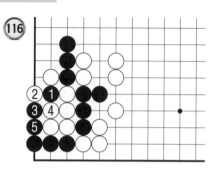

흑1로 끊은 후 백2 때 흑3·5로
공격하면 백을 잡을 수 있습니다.

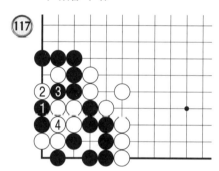

흑1로 키워 죽인 후 3·5로 공격하
면 백을 유가무가로 유도해서 잡을
수 있습니다.(흑5…흑1)

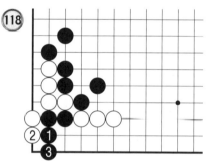

흑1·3으로 공격하면 백을 잡을
수 있습니다.

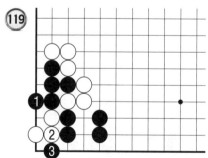

흑1·3으로 공격하면 백을 잡을
수 있습니다.

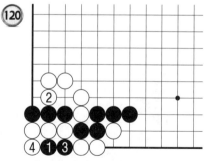

흑1로 붙인 후 백2 때 흑3·5로
먹여치면 백을 잡을 수 있습니
다.(흑5…흑3)

백을 잡을 수 있는 맥을 찾아 수순을 표시하세요.(1~3수 정도)

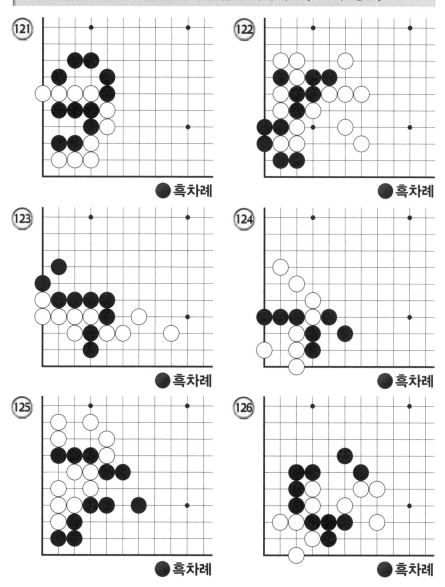

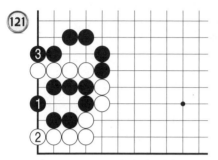

흑1·3으로 공격하면 백을 잡을
수 있습니다.

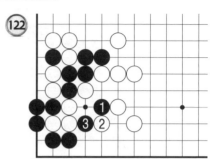

흑1·3으로 공격하면 백을 잡을
수 있습니다.

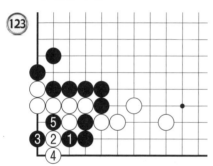

흑1, 백2 때 흑3·5로 공격하면
백을 잡을 수 있습니다.

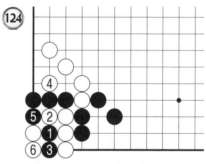

흑1로 끼운 후 백2 때 흑3·5·7
로 공격하면 백을 잡을 수 있습니
다.(흑7···흑1)

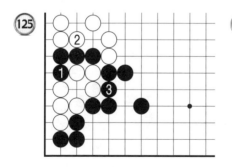

흑1·3으로 공격하면 백을 잡을
수 있습니다.

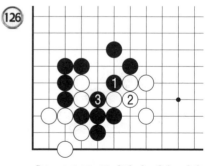

흑1·3으로 공격하면 백을 잡을
수 있습니다.

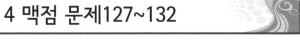

백을 잡을 수 있는 맥을 찾아 수순을 표시하세요.(1~3수 정도)

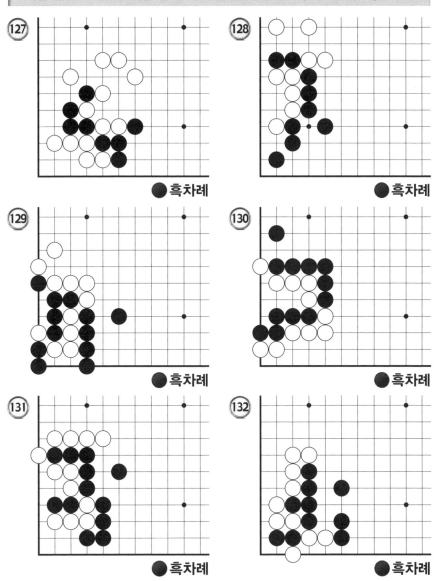

127 ● 흑차례

128 ● 흑차례

129 ● 흑차례

130 ● 흑차례

131 ● 흑차례

132 ● 흑차례

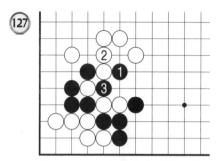

흑1·3으로 공격하면 백을 잡을 수 있습니다.

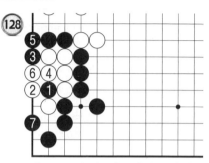

흑1로 끊은 후 백2 때 흑3 이하 7까지 공격하면 백을 잡을 수 있습니다.

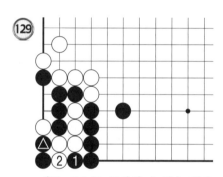

흑1·3으로 공격하면 백을 잡을 수 있습니다.(흑3…흑●)

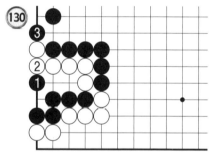

흑1·3으로 공격하면 백을 잡을 수 있습니다.

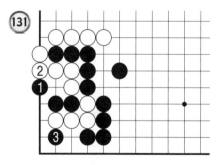

흑1·3으로 공격하면 백을 잡을 수 있습니다.

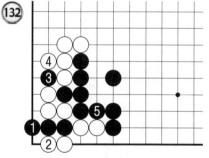

흑1로 뻗은 후 백2 때 흑3·5로 공격하면 백을 잡을 수 있습니다.

백을 잡을 수 있는 맥을 찾아 수순을 표시하세요.(1~3수 정도)

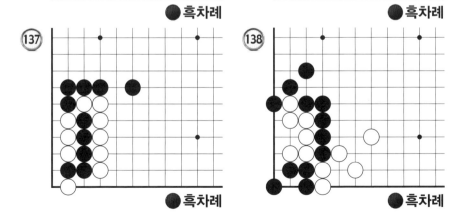

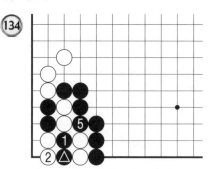

흑1·3으로 공격하면 백을 잡을
수 있습니다.

흑1로 먹여친 후 백2 때 흑3·5
로 공격하면 백을 잡을 수 있습니
다.(흑3···흑1, 백4···흑◈)

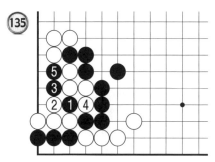

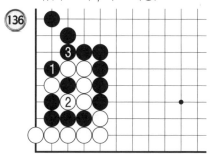

흑1로 끼운 후 백2 때 흑3·5로
공격하면 백을 잡을 수 있습니다.

흑1·3으로 공격하면 백을 잡을
수 있습니다.

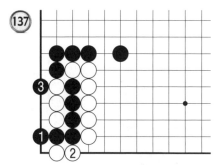

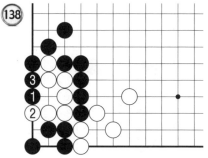

흑1·3으로 공격하면 백을 잡을
수 있습니다.

흑1·3으로 공격하면 백을 잡을
수 있습니다.

4 맥점 문제139~144

백을 잡을 수 있는 맥을 찾아 수순을 표시하세요.(1~3수 정도)

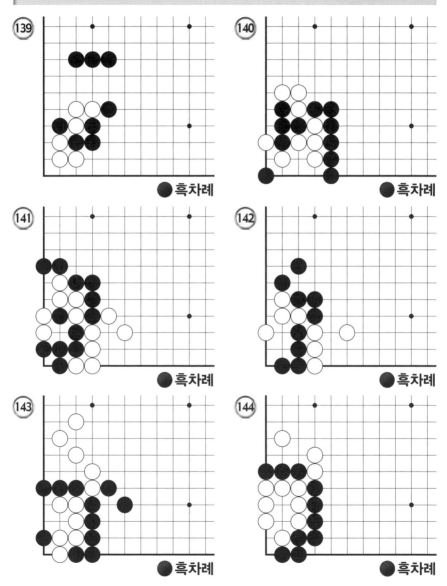

139 ●흑차례

140 ●흑차례

141 ●흑차례

142 ●흑차례

143 ●흑차례

144 ●흑차례

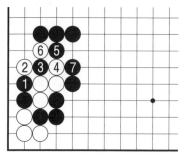

흑1로 나간 후 백2 때 흑3 이하 7
까지 공격하면 백을 잡을 수 있습
니다.

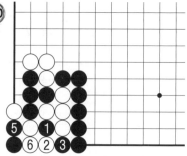

흑1로 먹여친 후 백2 때 흑3·5·7
로 공격하면 백을 잡을 수 있습니
다.(백4..흑1, 흑7...흑5)

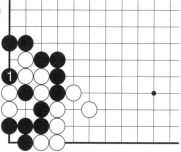

흑1로 먹여치면 양환격으로 만들
어서 백을 잡을 수 있습니다.

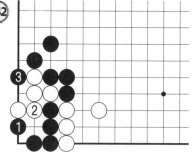

흑1·3으로 공격하면 백을 잡을
수 있습니다.

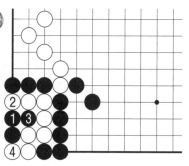

흑1·3으로 키워 죽인 후 흑5까
지 공격하면 백을 잡을 수 있습니
다.(흑5...흑1)

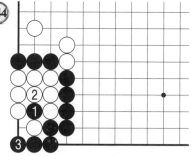

흑1·3으로 공격하면 백을 잡을
수 있습니다.

백을 잡을 수 있는 맥을 찾아 수순을 표시하세요.(1~3수 정도)

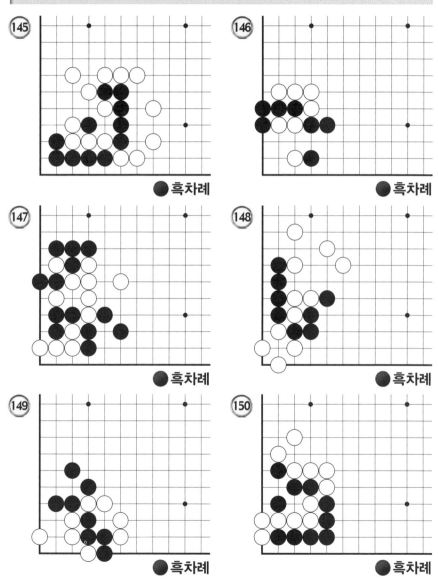

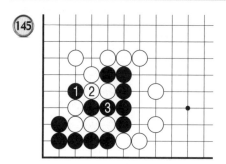

흑1·3으로 공격하면 백을 잡을 수 있습니다.

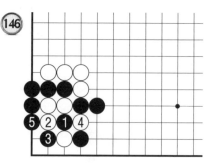

흑1·3으로 단수친 후 백4 때 흑 5로 공격하면 백을 잡을 수 있습니다.

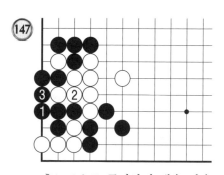

흑1·3으로 공격하면 백을 잡을 수 있습니다.

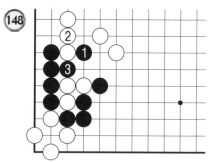

흑1·3으로 공격하면 백을 잡을 수 있습니다.

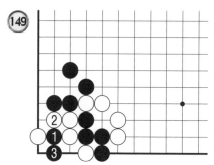

흑1·3으로 공격하면 백을 잡을 수 있습니다.

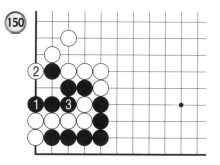

흑1·3으로 공격하면 백을 잡을 수 있습니다.

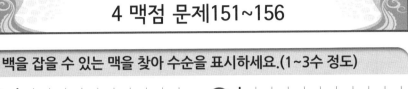

백을 잡을 수 있는 맥을 찾아 수순을 표시하세요.(1~3수 정도)

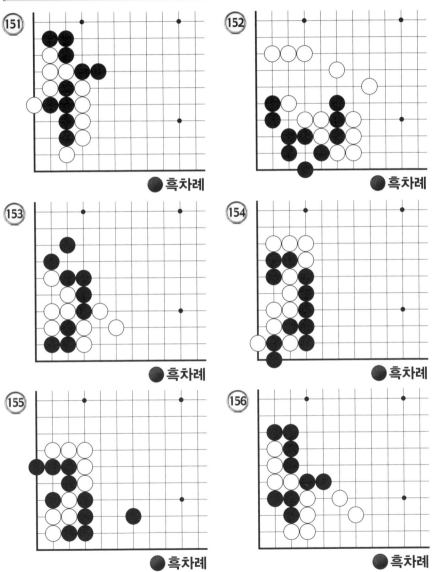

151 ●흑차례

152 ●흑차례

153 ●흑차례

154 ●흑차례

155 ●흑차례

156 ●흑차례

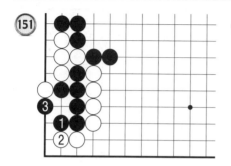

흑1·3으로 공격하면 백을 잡을 수 있습니다.

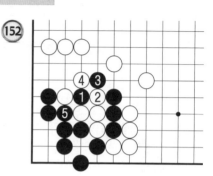

흑1로 껴붙인 후 백2 때 흑3·5로 공격하면 백을 잡을 수 있습니다.

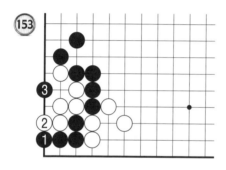

흑1·3으로 공격하면 백을 잡을 수 있습니다.

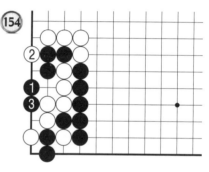

흑1·3으로 공격하면 백을 잡을 수 있습니다.

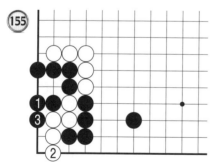

흑1·3으로 공격하면 백을 잡을 수 있습니다.

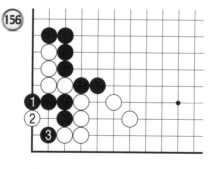

흑1·3으로 공격하면 백을 잡을 수 있습니다.

백을 잡을 수 있는 맥을 찾아 수순을 표시하세요.(1~3수 정도)

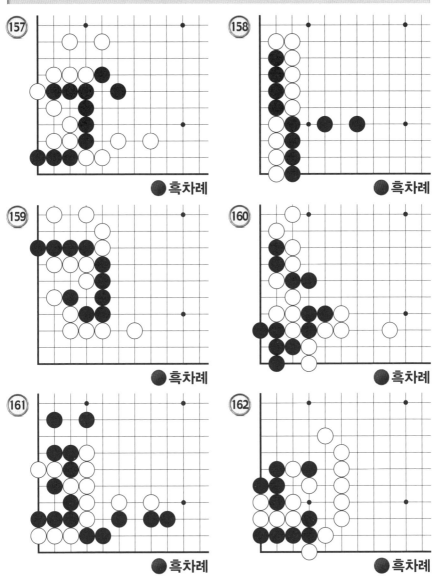

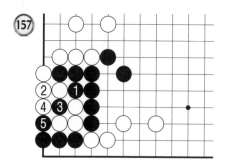

흑1로 둔 후 백2 때 흑3·5로 공격하면 백을 잡을 수 있습니다.

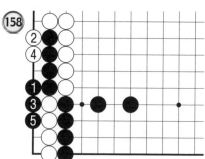

흑1로 내려선 후 백2 때 흑3·5로 공격하면 백을 잡을 수 있습니다.

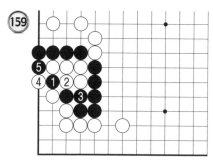

흑1로 끼운 후 백2 때 흑3·5로 공격하면 백을 잡을 수 있습니다.

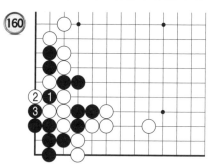

흑1·3으로 공격하면 백을 잡을 수 있습니다.

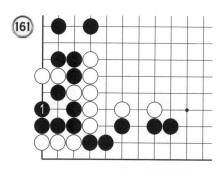

흑1로 두면 백을 유가무가로 유도해서 잡을 수 있습니다.

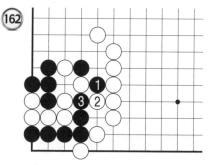

흑1·3으로 공격하면 백을 잡을 수 있습니다.

백을 잡을 수 있는 맥을 찾아 수순을 표시하세요.(1~3수 정도)

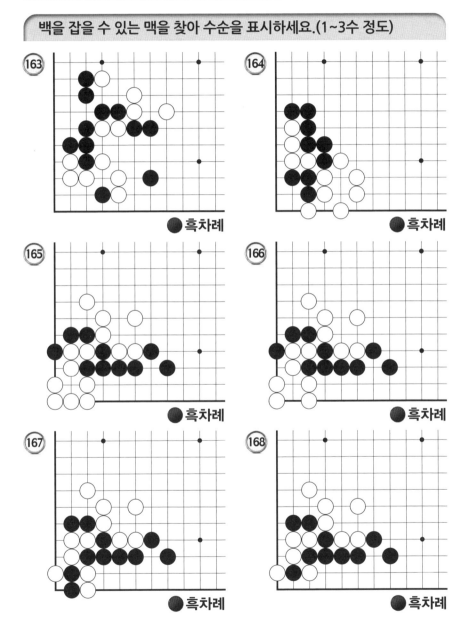

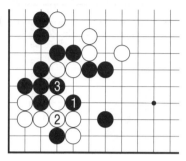

흑1·3으로 공격하면 백을 잡을 수 있습니다.

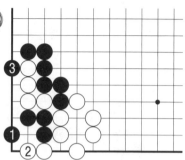

흑1·3으로 공격하면 백을 잡을 수 있습니다.

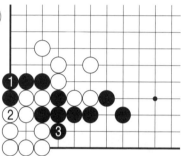

흑1·3으로 공격하면 백을 잡을 수 있습니다.

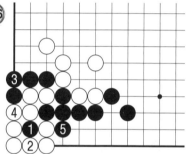

흑1로 먹여친 후 백2 때 흑3·5로 공격하면 백을 잡을 수 있습니다.

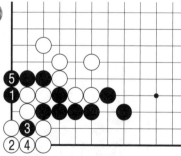

흑1로 단수친 후 백2 때 흑3·5로 공격하면 백을 잡을 수 있습니다.

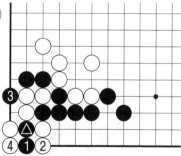

흑1로 키워 죽인 후 백2·4 때 흑3·5로 공격하면 백을 잡을 수 있습니다.(흑5…흑▲)

백을 잡을 수 있는 맥을 찾아 수순을 표시하세요.(1~3수 정도)

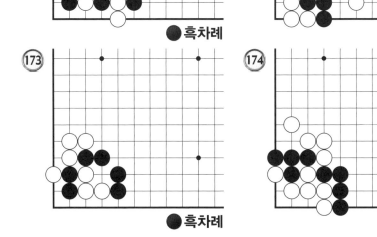

169 ●흑차례

170 ●흑차례

171 ●흑차례

172 ●흑차례

173 ●흑차례

174 ●흑차례

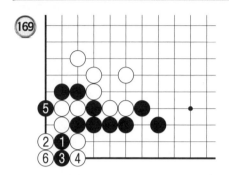

흑1로 끊은 후 백2 때 흑3 · 5로 공격하면 백을 잡을 수 있습니다.(흑7…흑1)

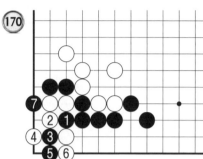

흑1 · 3으로 나가 끊은 후 이하 흑7까지 공격하면 백을 잡을 수 있습니다.

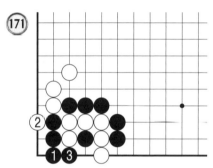

흑1 · 3으로 공격하면 백을 잡을 수 있습니다.

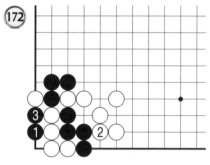

흑1 · 3으로 공격하면 백을 잡을 수 있습니다.

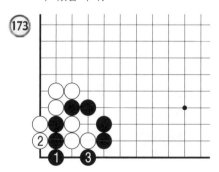

흑1 · 3으로 공격하면 백을 잡을 수 있습니다.

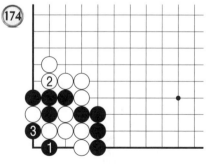

흑1 · 3으로 공격하면 백을 잡을 수 있습니다.

백을 잡을 수 있는 맥을 찾아 수순을 표시하세요.(1~3수 정도)

(175)

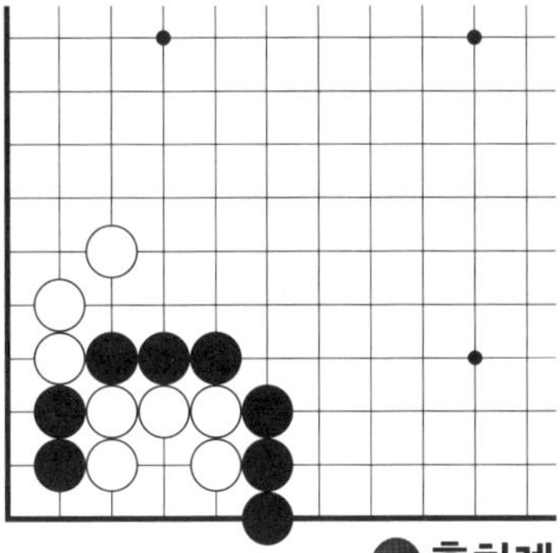

● 흑차례

(176)

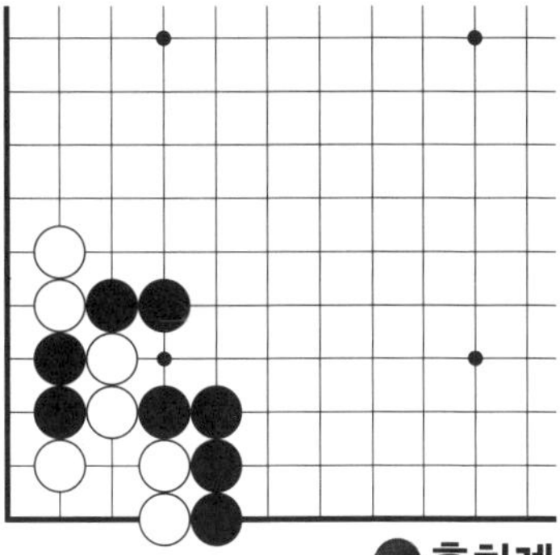

● 흑차례

(177)

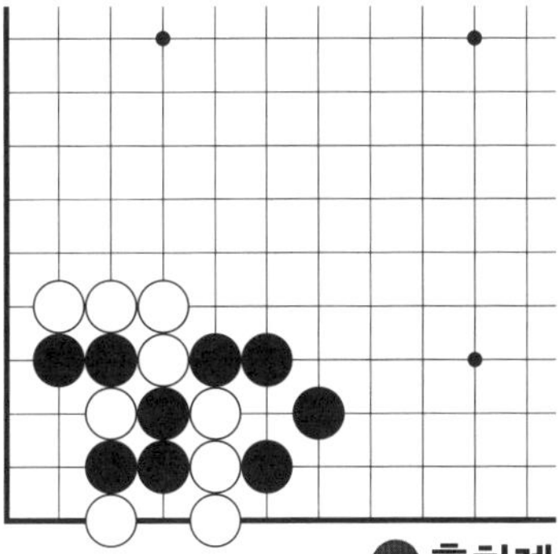

● 흑차례

(178)

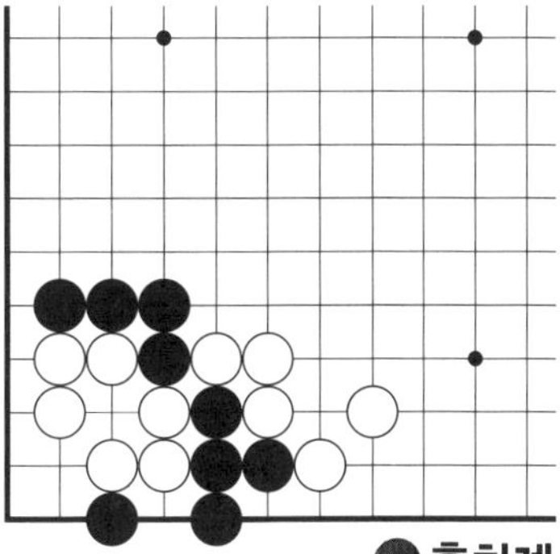

● 흑차례

(179)

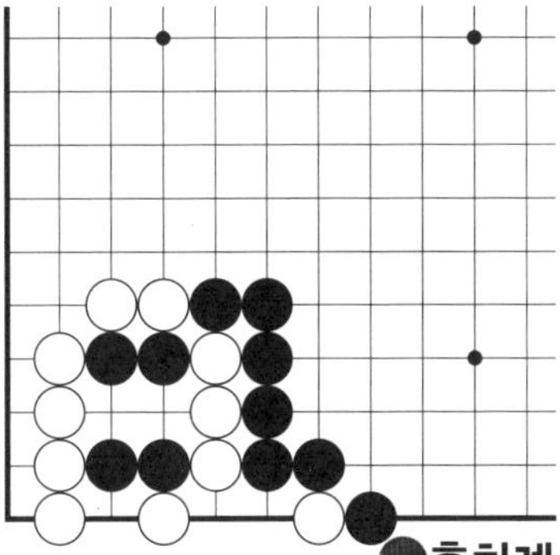

● 흑차례

(180)

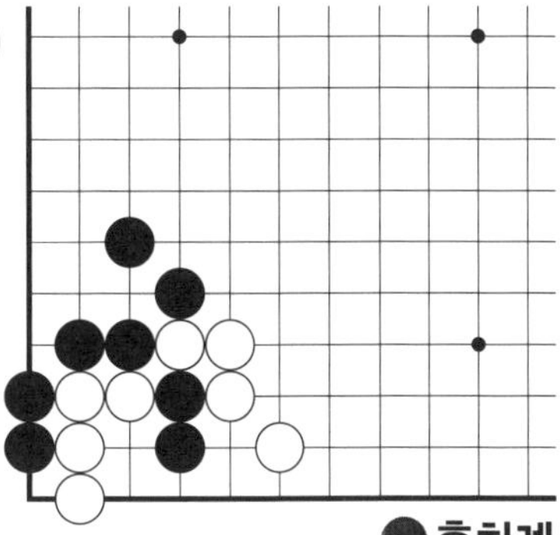

● 흑차례

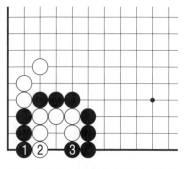

흑1·3으로 공격하면 백을 잡을 수 있습니다.

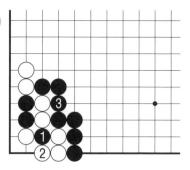

흑1·3으로 공격하면 백을 잡을 수 있습니다.

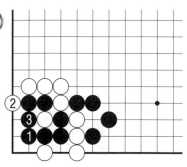

흑1·3으로 공격하면 백을 잡을 수 있습니다.

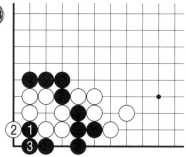

흑1·3으로 공격하면 백을 잡을 수 있습니다.

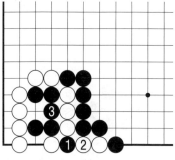

흑1·3으로 공격하면 백을 잡을 수 있습니다.

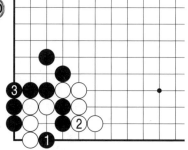

흑1·3으로 공격하면 백을 잡을 수 있습니다.

제 5 장 중급 포석

집을 지을 때 기초 공사가 중요하듯이 바둑을 둘 때도 기초
공사가 매우 중요합니다. 바둑을 둘 때 기초 공사에 해당하
는 분야가 바로 포석입니다. 이 장을 통해서는 포석의 기본
문제를 풀어 보도록 하겠습니다.

A~C 중 가장 좋은 포석의 요점은 어디일까요?

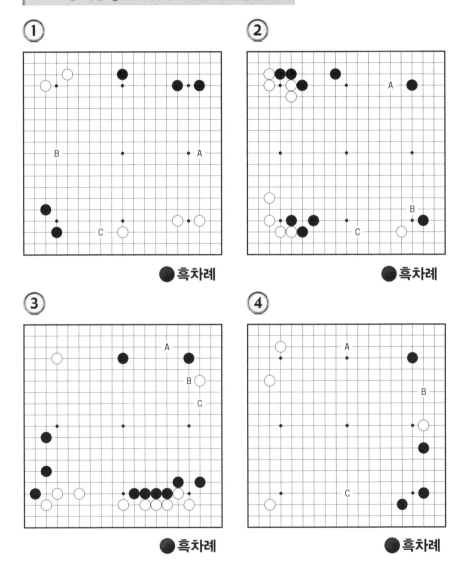

① ● 흑차례

② ● 흑차례

③ ● 흑차례

④ ● 흑차례

①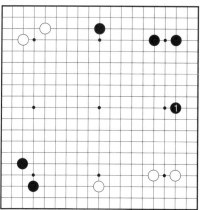

흑1이 놓칠 수 없는 대세상의 요점입
니다. 흑1은 서로가 세력을 확장하는
곳입니다.

②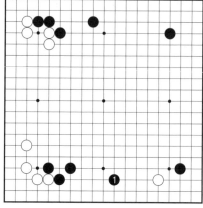

흑1로 벌리는 것이 정답입니다. 좌하
귀 흑 석점을 안정시키는 것이 가장 시
급합니다.

③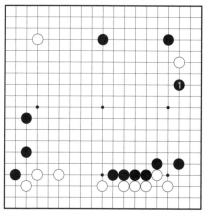

우하 방면에 흑의 강한 세력이 대기하
고 있으므로 당연히 흑1로 공격해야
합니다.

④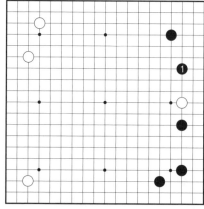

흑1로 우변의 백 한점을 공격하면서
귀를 굳히는 것이 정답입니다.

5 중급 포석 문제5~8

A~C 중 가장 좋은 포석의 요점은 어디일까요?

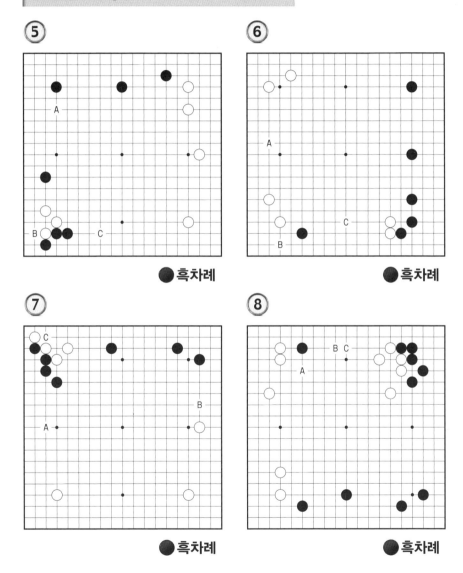

⑤

A

B   C

● 흑차례

⑥

A

C

B

● 흑차례

⑦

C

B

A

● 흑차례

⑧

B C

A

● 흑차례

⑤

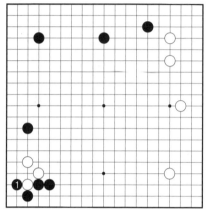

흑1로 단수쳐서 백 석점의 근거를 빼앗아야 이후 흑에게 많은 즐거움이 보장됩니다.

⑥

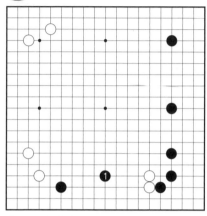

흑1로 벌리면서 우하귀 백 두점을 공격하는 것이 정답입니다.

⑦

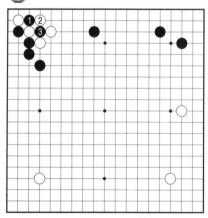

흑1로 단수쳐야 합니다. 백2로 맞단수쳐서 패로 버티면 흑3으로 따냅니다. 초반에 마땅한 팻감이 없으므로 백이 매우 불리합니다.

⑧

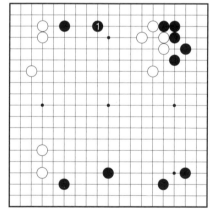

흑1로 두칸 벌리는 것이 정답입니다. 반대로 백에게 이곳을 허용하면 흑 한점이 매우 위험해집니다.

5 중급 포석 문제9~12

A~C 중 가장 좋은 포석의 요점은 어디일까요?

⑨

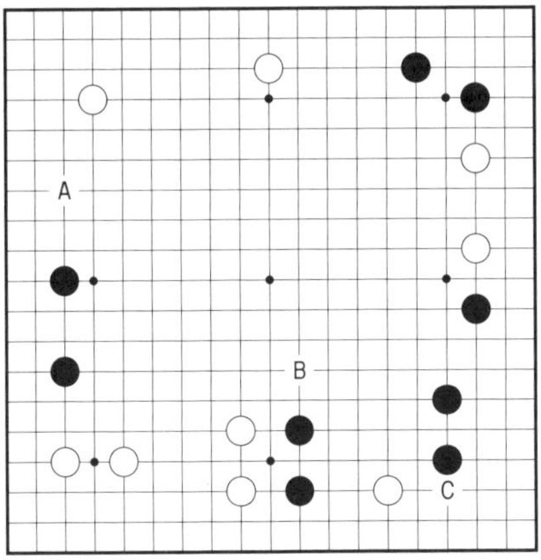

● 흑차례

⑩

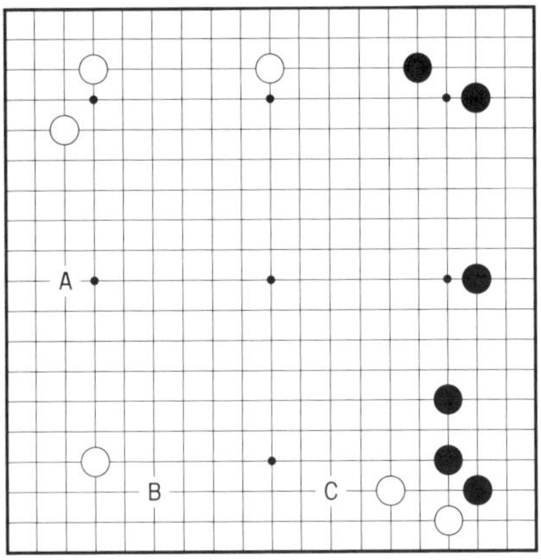

● 흑차례

⑪

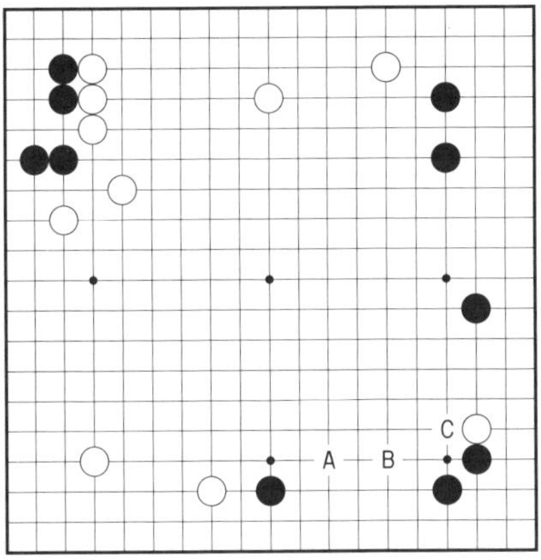

● 흑차례

⑫

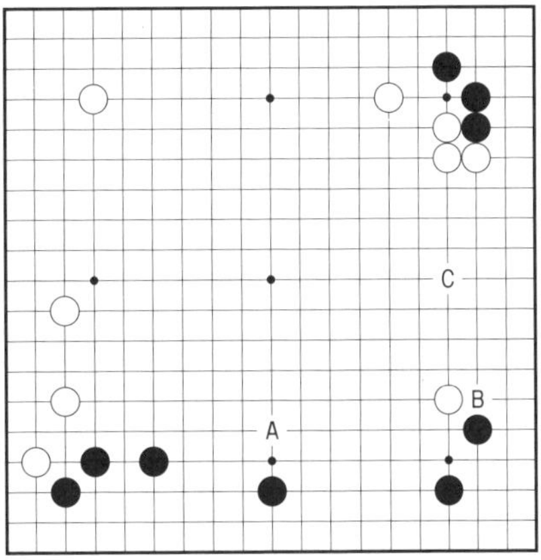

● 흑차례

⑨

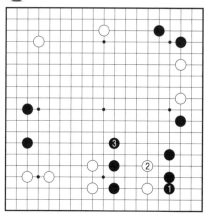

흑1로 귀를 굳히면서 백 한점을 공격하
는 것이 정답입니다. 백2로 달아나면 흑
도 3으로 한칸 뛰어 달아납니다.

⑩

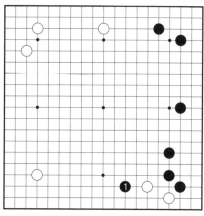

흑1로 바짝 다가서서 백 두점을 공격
하는 것이 정답입니다.

⑪

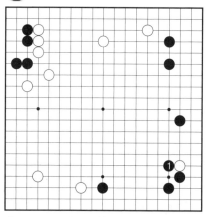

흑1로 호구쳐서 백 한점을 제압해 두
는 것이 정답입니다.

⑫

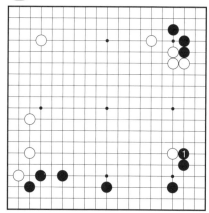

흑1로 미는 것이 정답입니다. 흑1로 인
해 우상귀 백 세력의 위력이 대폭 줄어
들었습니다.

A~C 중 가장 좋은 포석의 요점은 어디일까요?

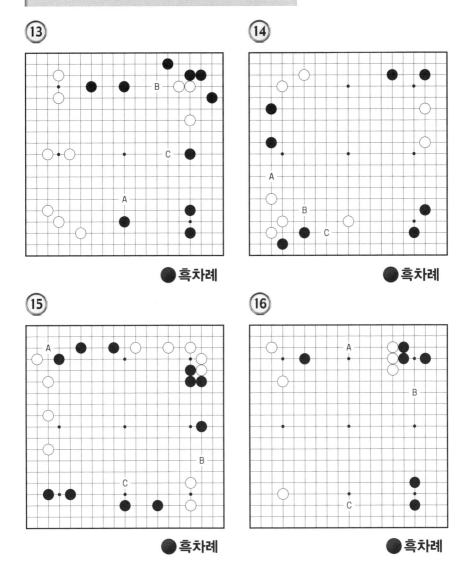

⑬ ●흑차례

⑭ ●흑차례

⑮ ●흑차례

⑯ ●흑차례

⑬

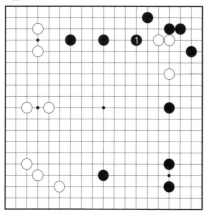

흑1로 날일자해서 상변을 크게 키우는 것이 정답입니다. 흑1은 또한 우상귀 백 석점에 대한 공격도 엿보고 있습니다.

⑭

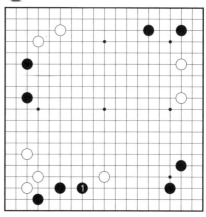

흑1로 한칸 벌려서 안정을 도모하는 것이 정답입니다. 흑은 하변 백 한점에 대한 공격도 엿보고 있습니다.

⑮

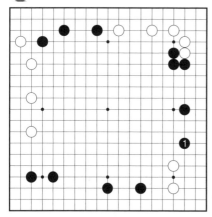

흑1로 두칸 벌려서 우하귀 백의 뒷문 열린 약점을 노리는 것이 정답입니다.

⑯

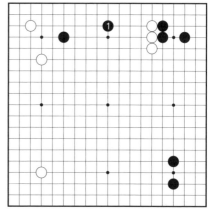

흑1로 벌려서 흑 한점을 안정시키는 것이 정답입니다. 흑은 우상귀 백 석점에 대한 공격도 엿보고 있습니다.

A~C 중 가장 좋은 포석의 요점은 어디일까요?

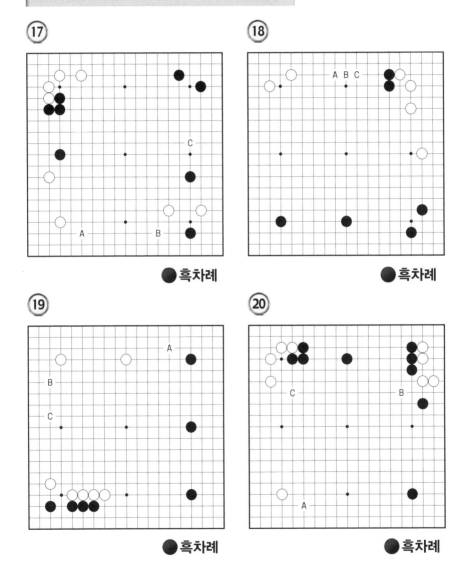

⑰

● 흑차례

⑱

● 흑차례

⑲

● 흑차례

⑳

● 흑차례

⑰

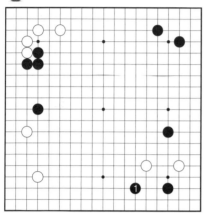

흑1로 두칸 벌려 변으로의 진출을 시도하는 것이 가장 시급한 요점입니다. 반대로 백이 귀를 봉쇄하면 귀의 흑 한점이 다급해집니다.

⑱

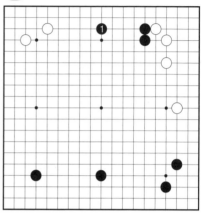

흑1로 세칸 벌려 흑 두점을 안정시키는 것이 가장 시급한 요점입니다.

⑲

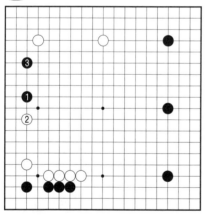

좌하귀에 강한 백 세력이 구축되어 있으므로 흑1로 갈라쳐서 세력을 견제하는 것이 중요합니다. 백2로 다가서면 흑3으로 두칸 벌려 안정시킵니다.

⑳

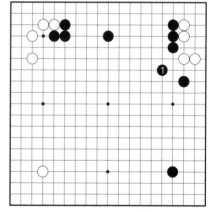

흑1로 날일자해서 귀의 백을 봉쇄해야 합니다. 흑1로 인해 상변 일대 흑 세력이 크게 활기를 띠고 있습니다.

5 중급 포석 문제21~24

A~C 중 가장 좋은 포석의 요점은 어디일까요?

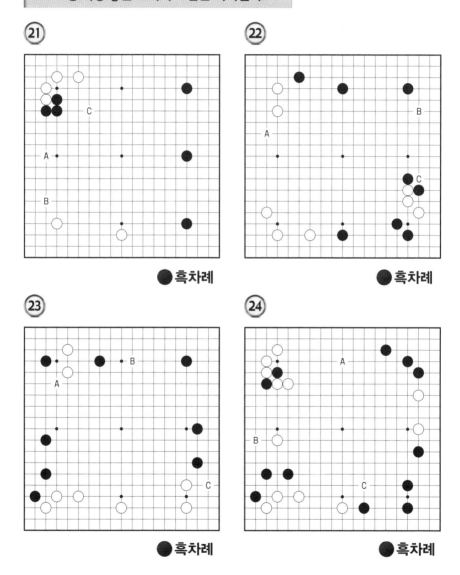

㉑

●흑차례

㉒

●흑차례

㉓

●흑차례

㉔

●흑차례

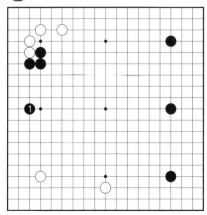

흑1로 세칸 벌려서 정석을 완성시켜야 합니다. 흑1을 게을리하면 백에게 협공을 당해 흑 석점이 위험해집니다.

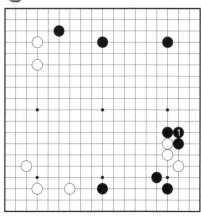

흑1로 잇는 것이 정답입니다. 흑1로 이어 두면 귀의 백 석점이 자연스럽게 공격대상이 됩니다.

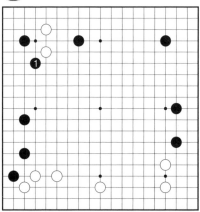

흑1로 날일자해서 변으로 진출을 서둘러야 합니다. 흑은 자연스럽게 좌변 집을 키우면서 백 두점에 대한 공격을 노리고 있습니다.

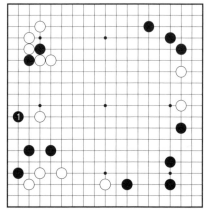

흑1로 눈목자해서 근거를 확보해 두는 것이 가장 시급합니다. 흑1로 인해 좌하귀 흑 석점은 더 이상 공격을 염려하지 않아도 됩니다.

A~C 중 가장 좋은 포석의 요점은 어디일까요?

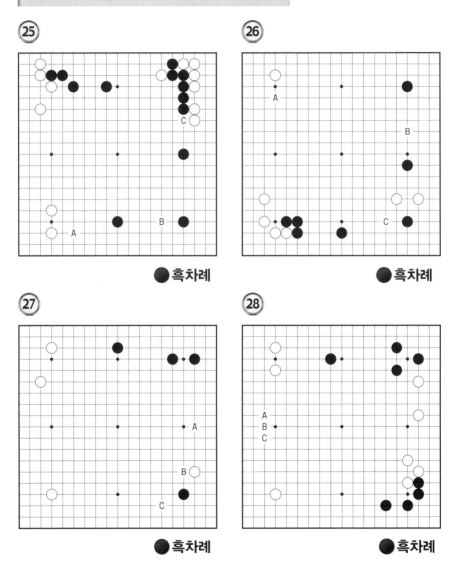

⑤ ●흑차례

⑥ ●흑차례

⑦ ●흑차례

⑧ ●흑차례

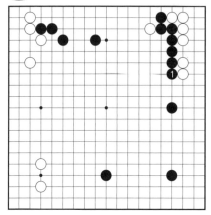

흑1로 두텁게 막는 것이 일관되게 세력을 확
장하는 방법입니다. 흑1로 인해 상변 일대의
흑 세력이 크게 활기를 띠고 있습니다.

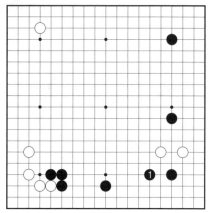

흑1로 한칸 뛰어 변으로의 진출을 서둘
러야 합니다. 흑1로 한칸 뛰면 우하귀 백
두점에 대한 공격도 엿볼 수 있습니다.

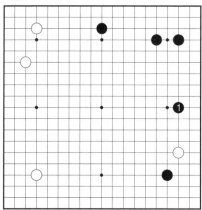

흑1로 협공해야 합니다. 흑1은 우상귀
흑 세력을 확장하면서 백 한점을 공격
하는 일석이조의 요점입니다.

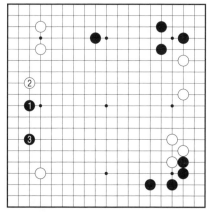

흑1로 갈라치는 것이 정답입니다. 백2
로 다가선다면 흑3으로 두칸 벌려 손
쉽게 안정을 취할 수 있습니다.

A~C 중 가장 좋은 포석의 요점은 어디일까요?

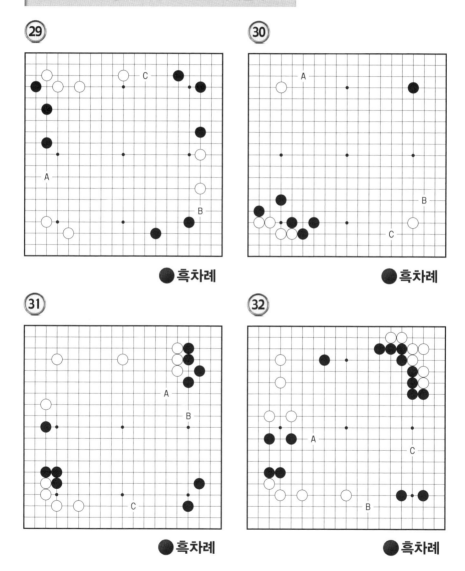

● 흑차례

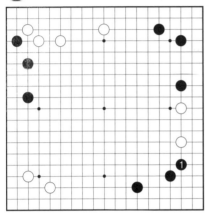

흑1로 귀를 굳히는 것이 정답입니다. 흑은 귀를 확실하게 지키고 있을 뿐 아니라 우변 백 두점에 대한 공격도 노리고 있습니다.

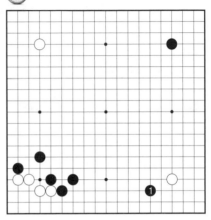

흑1로 걸치는 것이 정답입니다. 좌하 귀에 구축해 놓은 흑의 세력과 흑1이 좋은 호응을 이루고 있습니다.

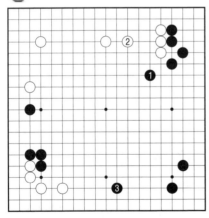

흑1로 날일자하는 것이 놓칠 수 없는 세력확장의 요점입니다. 백2로 받을 수 밖에 없을 때 흑3으로 벌리면 우변에서 하변에 이르는 흑 세력이 상당합니다.

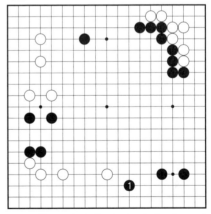

흑1로 눈목자해서 하변 백의 뒷문 열린 약점을 노려야 합니다. 흑1은 자신의 집을 넓히면서 백의 약점을 노리는 일석이조의 요점입니다.

A~C 중 가장 좋은 포석의 요점은 어디일까요?

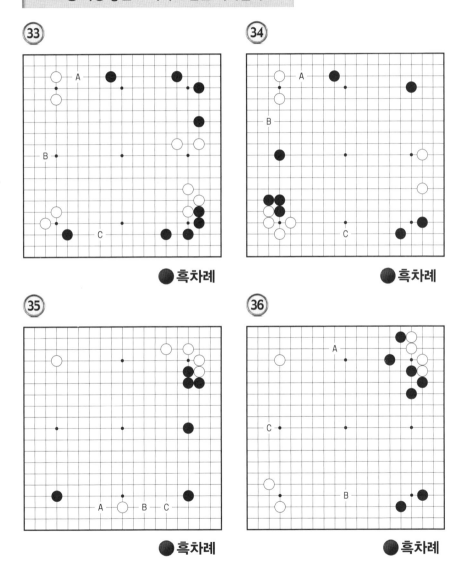

㉝

●흑차례

㉞

●흑차례

㉟

●흑차례

㊱

●흑차례

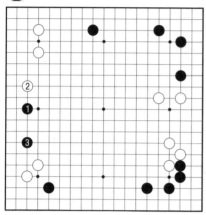

흑1로 갈라치는 것이 정답입니다. 백2
로 다가서면 흑3으로 두칸 벌려 좌하
귀 백 두점을 압박합니다.

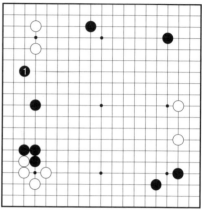

흑1로 바짝 다가서는 것이 정답입니다.
흑1은 자신의 세력을 넓히면서 좌상귀 백
의 뒷문 열린 약점을 노리는 급소입니다.

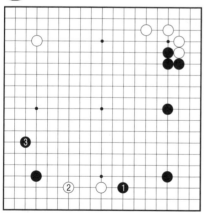

흑1로 다가서는 것이 정답입니다. 백2
로 두칸 벌린다면 흑3으로 눈목자하는
것이 발빠른 작전입니다.

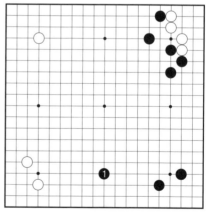

흑1로 하변을 차지하는 것이 정답입니
다. 흑1은 좌하귀 백의 귀굳힘으로부
터 세력확장을 견제하면서 자신의 세
력을 확장하는 요소점입니다.

A~C 중 가장 좋은 포석의 요점은 어디일까요?

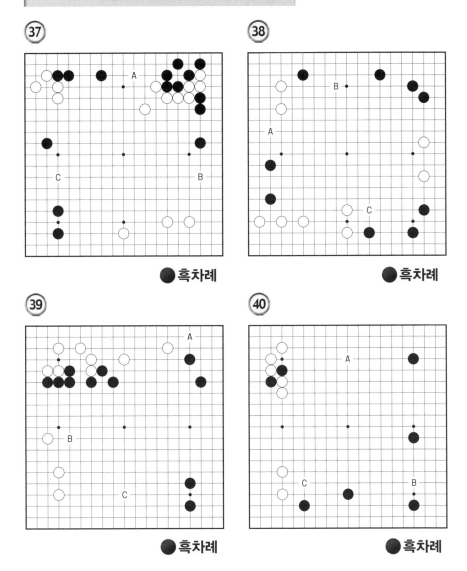

③⑦

● 흑차례

③⑧

● 흑차례

③⑨

● 흑차례

④⓪

● 흑차례

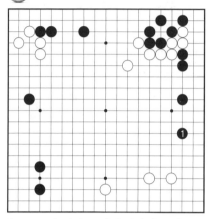

흑1로 두칸 벌리는 것이 침착한 호착입니다. 흑1을 손빼면 백이 우변으로 바짝 다가서서 위쪽의 흑 석점이 공격대상이 됩니다.

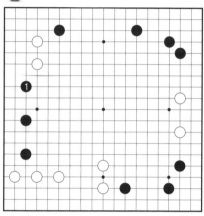

흑1로 두칸 벌리는 것이 정답입니다. 흑1은 좌변 흑 두점을 안정시키면서 백의 뒷문 열린 약점을 노리는 급소입니다.

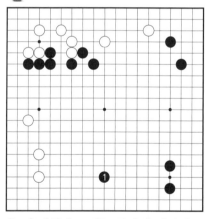

흑1이 대치하고 있는 중앙에 해당하는 큰 곳입니다. 흑이 다른 곳에 두면 백이 하변을 차지하는 것이 큰 곳입니다.

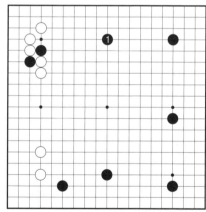

좌상귀 백 모양이 튼튼하므로 흑1로 벌려서 백의 세력을 견제하는 것이 정답입니다.

제 6 장 중급 정석

정석은 귀의 접전 과정에서 흑과 백이 최선을 다해 두는 수
순을 얘기합니다. 드넓은 바다를 항해할 때 나침반이 꼭 필
요하듯이 바둑을 둘 때 정석은 나침반과 같은 중요한 역할
을 하는 것입니다.

좌하귀에서 정석이 진행중에 있습니다. A~C 중 어느 곳에 두어야 할까요?

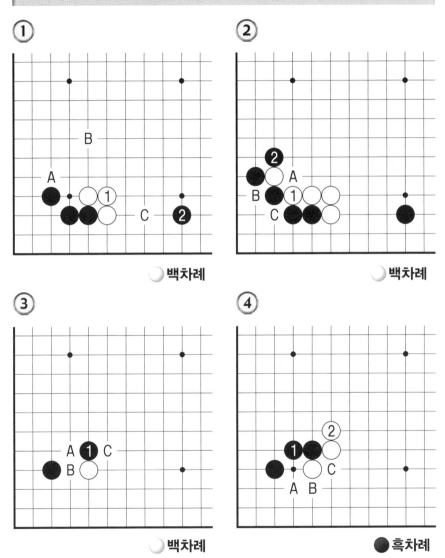

① 백차례

② 백차례

③ 백차례

④ 흑차례

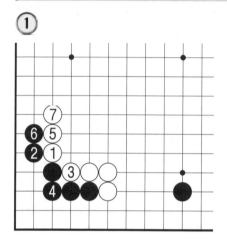

①

백1로 붙이는 것이 정답입니다. 흑2 때 백3이 중요한 선수활용으로 백7까지 백이 두터운 정석입니다.

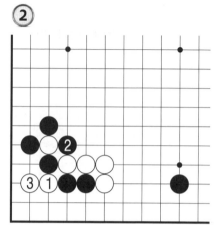

②

백1로 단수쳐야 합니다. 흑2 때 백3으로 뻗으면 귀의 실리가 커서 백이 유리합니다.

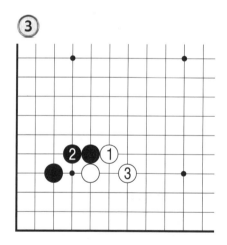

③

백1로 젖히는 것이 정답입니다. 흑2 때 백3으로 호구쳐서 정석이 일단락됩니다.

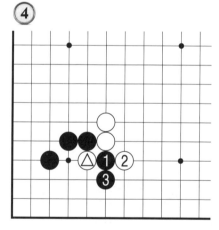

④

흑1로 끊어야 합니다. 백2로 단수치면 흑3으로 뻗어서 백△ 한점을 잡을 수 있습니다.

좌하귀에서 정석이 진행중에 있습니다. A~C 중 어느 곳에 두어야 할까요?

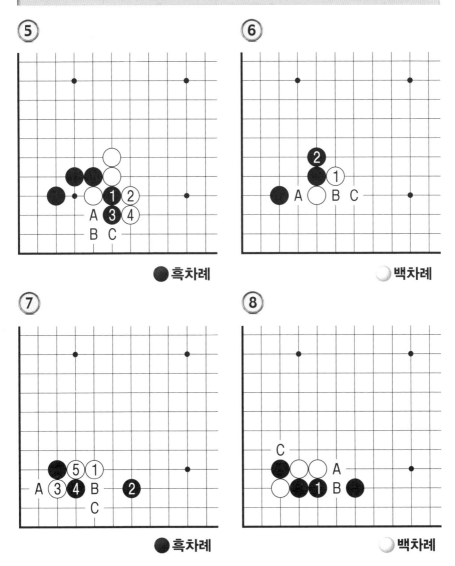

⑤

● 흑차례

⑥

○ 백차례

⑦

● 흑차례

⑧

○ 백차례

⑤

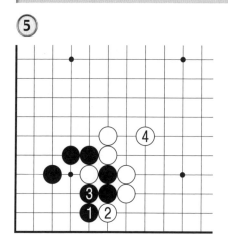

흑1로 입구자하는 것이 정답입니다. 백은 2를 선수로 활용한 후 4로 한칸 뛰어 형태를 정비하게 됩니다.

⑥

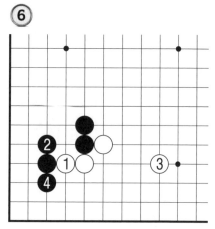

백1로 치받는 것이 정답입니다. 흑2 때 백3으로 벌려서 정석이 일단락됩니다.

⑦

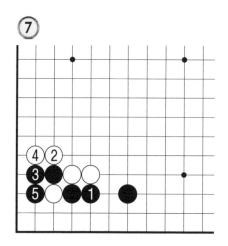

흑1로 연결하는 것이 정답입니다. 백2로 단수친 후 4로 막는다면 흑5까지 백 한점을 취해서 백이 유리합니다.

⑧

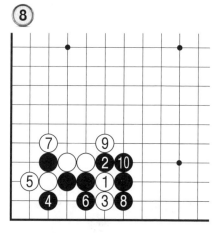

백1로 끼워야 합니다. 흑2로 단수치면 백3으로 뻗는 것이 중요하며 흑4로 단수치고 이하 흑10까지가 정석 진행입니다.

좌하귀에서 정석이 진행중에 있습니다. A~C 중 어느 곳에 두어야 할까요?

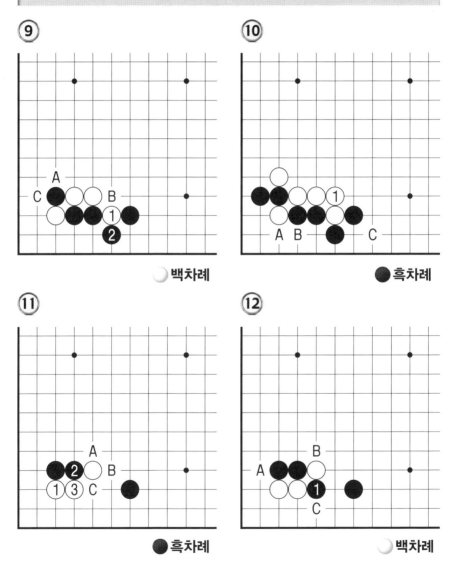

⑨

○백차례

⑩

●흑차례

⑪

●흑차례

⑫

○백차례

⑨

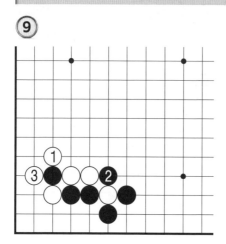

백1로 단수쳐야 합니다. 흑2로 따낼 때 백도 3으로 따내게 되는데 백이 약간 유리한 정석입니다.

⑩

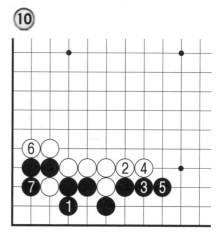

흑1로 내려서는 것이 정답입니다. 백은 2·4를 선수한 후 6으로 막게 됩니다. 흑7로 단수쳐서 정석이 일단락됩니다.

⑪

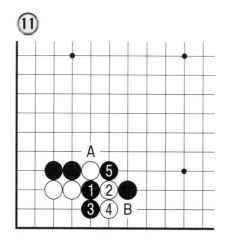

흑1로 끊는 것이 정답입니다. 흑1 때 백2로 단수친 후 4로 차단하는 것은 안 됩니다. 흑5로 단수친 후 A와 B를 맞보기로 노리면 백이 불리합니다.

⑫

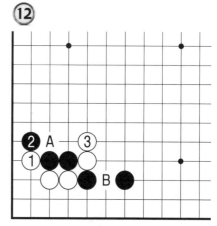

백1로 젖히는 것이 정답입니다. 흑2로 받는다면 백3으로 올라서는 것이 급소입니다. 이후 백은 A와 B가 맞보기입니다.

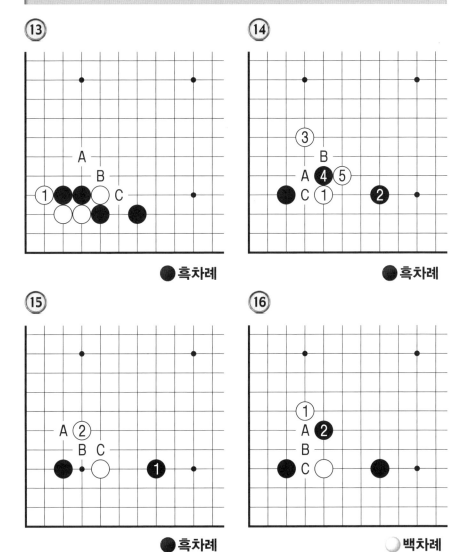

6 중급 정석 문제13~16

좌하귀에서 정석이 진행중에 있습니다. A~C 중 어느 곳에 두어야 할까요?

⑬

●흑차례

⑭

●흑차례

⑮

●흑차례

⑯

○백차례

⑬

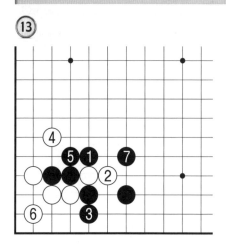

흑1로 단수쳐야 합니다. 백2 때 흑3이 좋은 수로 백4 이하 흑7까지가 정석 수순입니다.

⑭

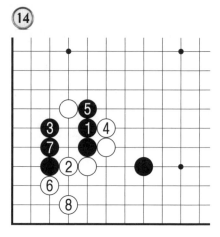

흑1로 뻗어야 합니다. 이후 백2로 치받고 이하 백8까지가 기본 정석입니다.

⑮

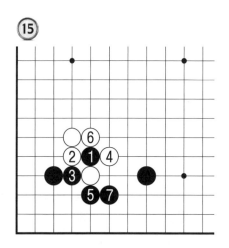

흑1 · 3으로 건너 붙여서 절단해야 합니다. 백6까지 흑 한점이 잡혔지만 흑7로 연결하면 귀의 집이 커서 흑이 유리합니다.

⑯

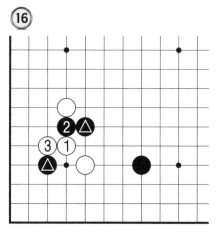

백1이 흑▲ 두점의 밭전자 중앙에 해당하는 급소입니다. 흑2로 돌파하면 백도 3으로 돌파합니다.

6 중급 정석 문제 17~20

좌하귀에서 정석이 진행중에 있습니다. A~C 중 어느 곳에 두어야 할까요?

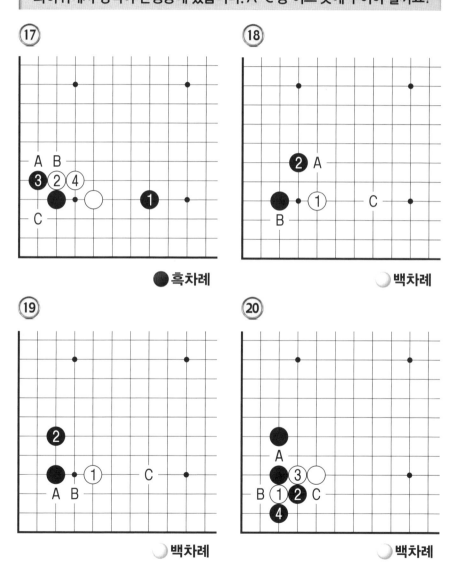

17 ● 흑차례

18 ○ 백차례

19 ○ 백차례

20 ○ 백차례

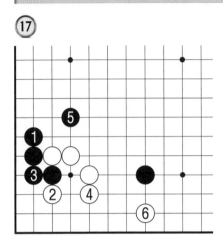

흑1로 뻗는 것이 정답입니다. 백은 2로 붙이는 것이 좋은 수이며 흑3으로 잇고 백6까지가 기본 정석입니다.

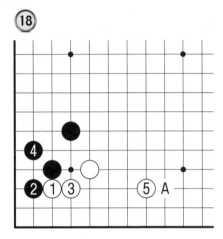

백1로 붙이는 것이 정답입니다. 계속해서 흑2로 젖히고 백5까지가 정석 진행입니다. 수순 중 백5로는 A의 곳에 두는 것도 가능합니다.

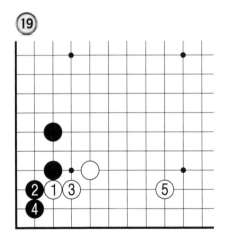

백1로 붙이는 것이 정답입니다. 계속해서 흑2로 젖히고 백3·5까지가 정석입니다.

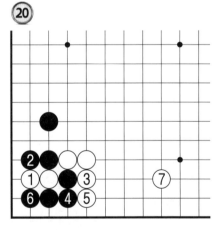

백1로 뻗어서 두점으로 키워 죽여야 합니다. 흑은 2로 막는 것이 중요하며 백3으로 단수치고 이하 백7까지가 기본 정석입니다.

좌하귀에서 정석이 진행중에 있습니다. A~C 중 어느 곳에 두어야 할까요?

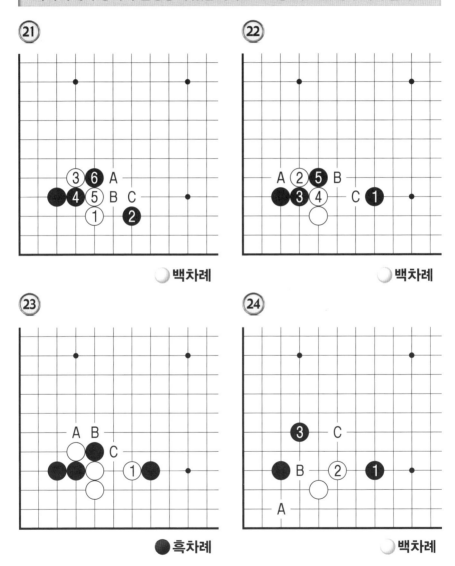

㉑

○ 백차례

㉒

○ 백차례

㉓

● 흑차례

㉔

○ 백차례

㉑

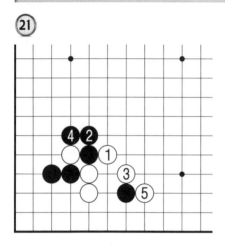

백1로 단수친 후 3으로 호구쳐야 형태
를 정비할 수 있습니다. 흑4로 단수치
고 백5로 젖혀서 정석이 일단락됩니다.

㉒

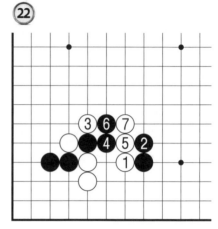

백1로 붙이는 것이 좋은 맥점입니다.
흑2로 올라선다면 백3으로 단수친 후
백5·7로 돌파해서 백이 유리합니다.

㉓

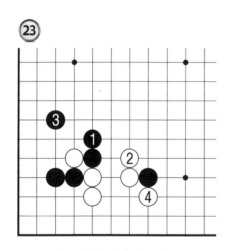

흑1로 뻗는 것이 정답입니다. 이후 백
2로 올라서고 흑3, 백4까지가 정석 진
행입니다.

㉔

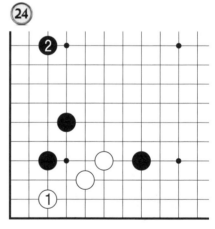

백1로 날일자하는 것이 정답입니다.
흑2로 벌려서 정석이 일단락됩니다.

좌하귀에서 정석이 진행중에 있습니다. A~C 중 어느 곳에 두어야 할까요?

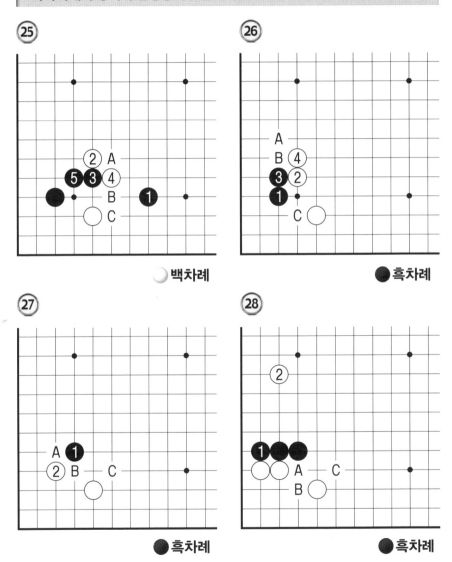

㉕

㉖ ●흑차례

㉗ ●흑차례

㉘ ●흑차례

㉕ ○백차례

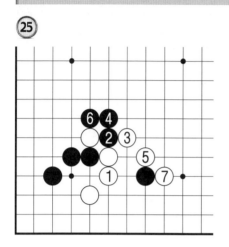

㉕

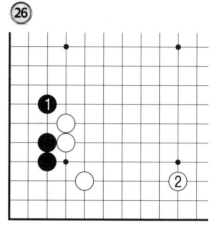

㉖

백1로 뻗는 것이 정답입니다. 흑2로 절단할 때 백3으로 단수친 후 백5·7로 호구치면 튼튼하게 형태를 정비할 수 있습니다.

흑1로 한칸 뛰어 변으로 진출하는 것이 시급합니다. 백은 2로 벌려서 하변을 차지하는 정석이 됩니다.

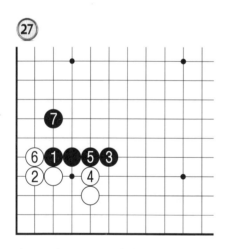

㉗

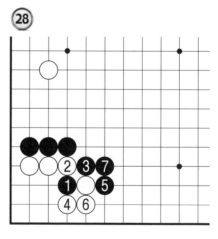

㉘

흑1로 막고 3으로 한칸 뛰는 것이 정답입니다. 백은 4·6을 선수하는 것이 중요하며 흑7로 한칸 뛰어 정석이 일단락됩니다.

흑1·3으로 건너 붙여 절단하는 것이 정답입니다. 백4로 잡을 때 흑5를 선수한 후 7로 이으면 흑의 세력이 백의 실리에 비해 훨씬 유리합니다.

좌하귀에서 정석이 진행중에 있습니다. A~C 중 어느 곳에 두어야 할까요?

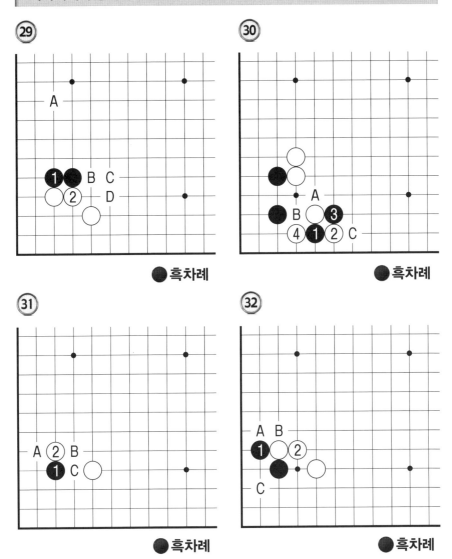

㉙

●흑차례

㉚

●흑차례

㉛

●흑차례

㉜

●흑차례

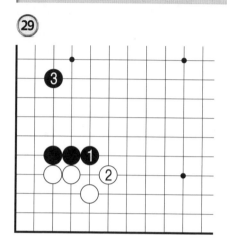

29

흑1로 올라서는 것이 놓칠 수 없는 급소입니다. 백2로 받고 흑3으로 벌려서 정석이 일단락됩니다.

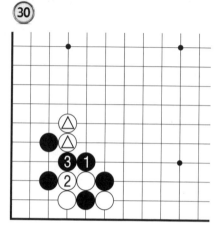

30

흑1로 단수친 후 백2 때 흑3으로 돌파하는 것이 좋은 수순입니다. 이 결과는 백△ 두점을 쓸모없게 만든 흑이 유리합니다.

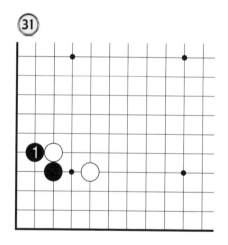

31

흑1로 젖혀서 변으로 진출을 시도하는 것이 정답입니다.

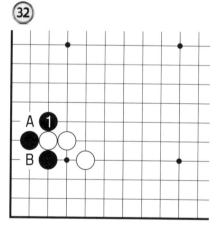

32

흑1로 젖혀서 변으로 진출해야 합니다. 이후 백은 A나 B에 끊어서 흑을 공격하게 됩니다.

좌하귀에서 정석이 진행중에 있습니다. A~C 중 어느 곳에 두어야 할까요?

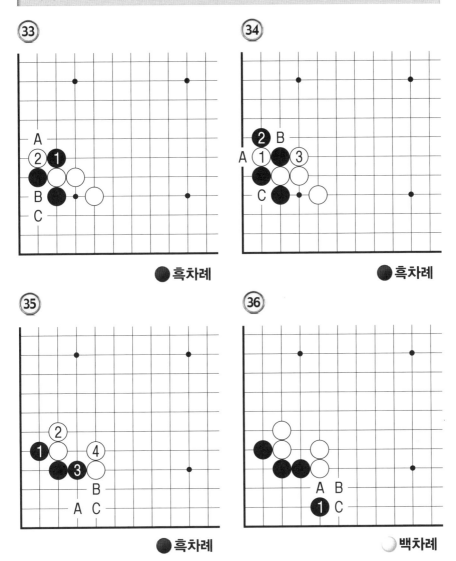

③③

● 흑차례

③④

● 흑차례

③⑤

● 흑차례

③⑥

○ 백차례

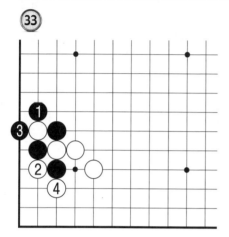

33

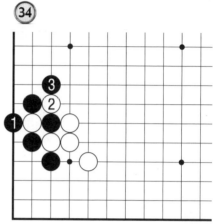

34

흑1로 단수쳐서 끊어온 백 한점을 잡아야 합니다. 백은 2를 선수한 후 4로 단수쳐서 귀를 차지하게 됩니다.

흑1로 따내는 것이 정답입니다. 계속해서 백2로 단수치면 흑3으로 젖히는 것이 좋습니다.

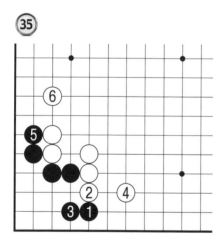

35

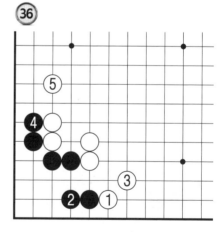

36

흑1로 날일자하는 것이 정답입니다. 백2라면 흑3이 중요한 수로 백은 4로 늦출 수밖에 없습니다. 흑5, 백6까지 흑이 약간 유리합니다.

백1로 붙이는 것이 정답입니다. 흑2로 물러설 때 백3으로 입구자하면 흑이 변으로 진출하는 것을 저지할 수 있습니다. 흑4, 백5까지 정석이 일단락된 모습입니다.

6 중급 정석 문제37~40

좌하귀에서 정석이 진행중에 있습니다. A~C 중 어느 곳에 두어야 할까요?

㊲

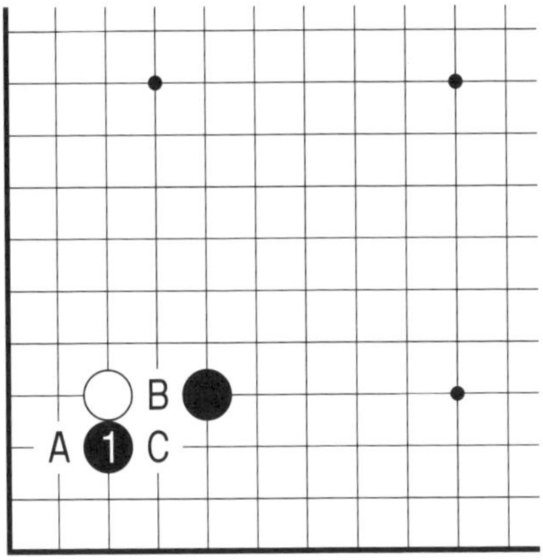

백차례

㊳

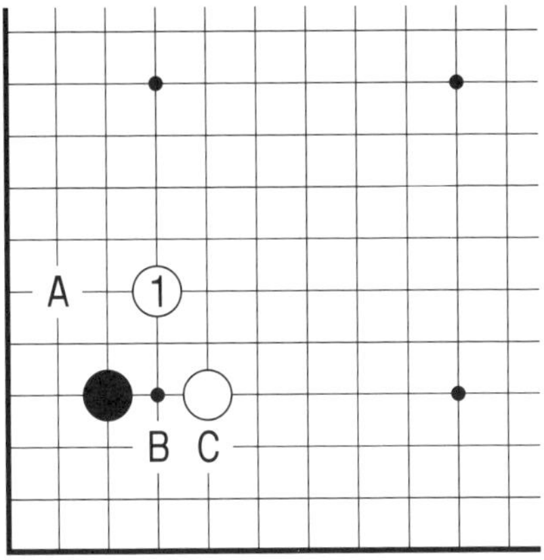

흑차례

㊴

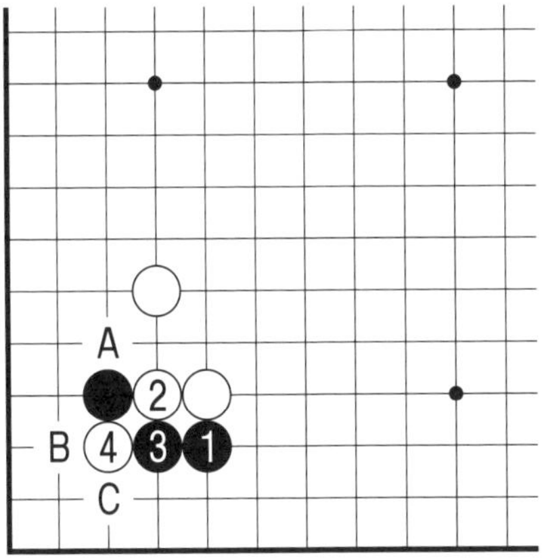

흑차례

㊵

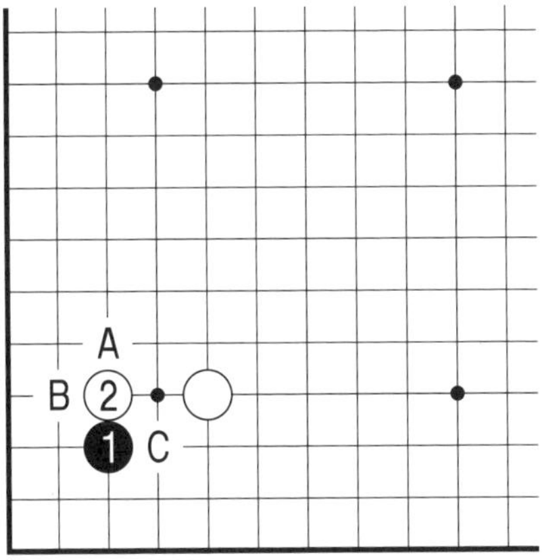

흑차례

37

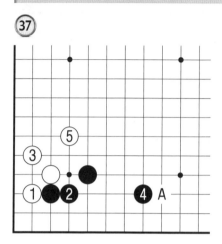

백1로 젖히는 것이 정답입니다. 흑2로 뻗고 백3 이하 5까지가 정석입니다. 수순 중 흑4로는 A도 가능합니다.

38

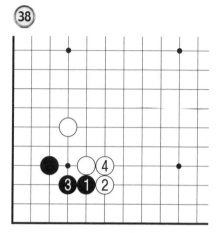

흑1로 붙여야 합니다. 백2로 젖히고 흑 3, 백4까지가 기본 정석입니다.

39

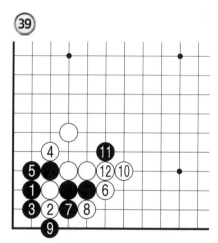

흑1로 단수치는 것이 올바른 방향입니다. 백2는 적절한 행마법이며 흑3 이하 백12까지가 정석입니다.

40

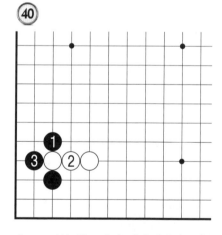

흑1로 껴붙이는 것이 정답입니다. 백2로 잇는다면 흑3으로 넘을 수 있습니다. 백2로 3의 곳에 내려선다면 흑이 2의 곳에 끼우는 것이 좋은 수가 됩니다.

좌하귀에서 정석이 진행중에 있습니다. A~C 중 어느 곳에 두어야 할까요?

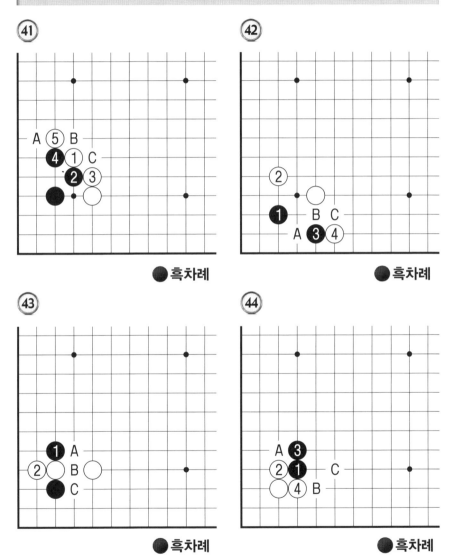

41 ● 흑차례

42 ● 흑차례

43 ● 흑차례

44 ● 흑차례

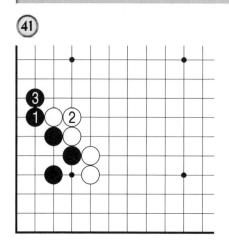

(41)

흑1로 이단 젖혀야 합니다. 백이 양단 수를 피해 2로 이을 때 흑3으로 머리를 내밀면 정석이 일단락됩니다.

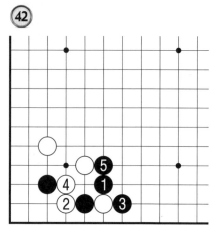

(42)

흑1로 젖혀야 합니다. 백2로 차단할 때 흑3으로 단수친 후 5로 올라서면 세력 대 실리의 갈림이 되는 정석 진행입니다.

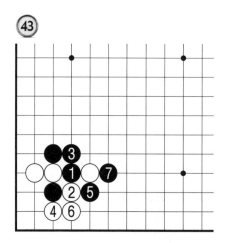

(43)

흑1·3으로 끼워 잇는 것이 좋은 수입니다. 백4로 단수칠 때 흑5·7로 단수치면 백 한점을 축으로 제압한 흑이 유리합니다.

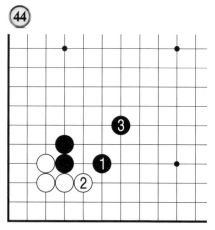

(44)

흑1로 한칸 뛰는 것이 적절한 행마법입니다. 백2 때 흑3으로 날일자하면 경쾌하게 형태를 정비할 수 있습니다.

좌하귀에서 정석이 진행중에 있습니다. A~C 중 어느 곳에 두어야 할까요?

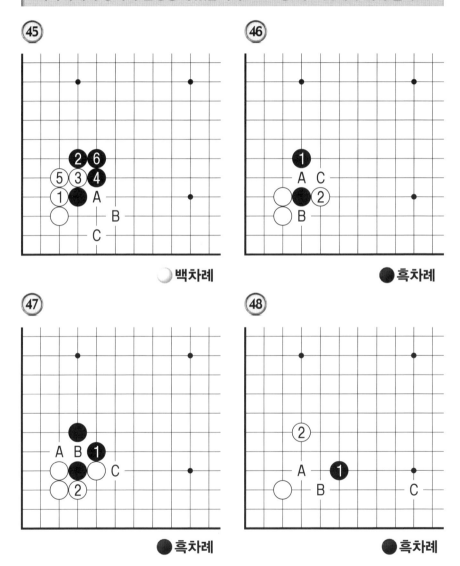

㊺

⚪ 백차례

㊻

● 흑차례

㊼

● 흑차례

㊽

● 흑차례

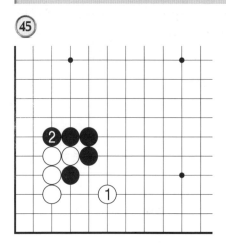

백1이 변으로 진출하는 적절한 방법입니다. 흑2로 막아서 정석이 일단락됩니다.

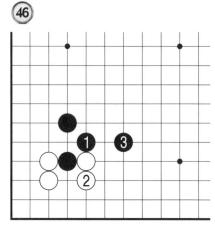

흑1로 호구쳐야 합니다. 백2로 늦춰서 받는다면 흑3으로 한칸 뛰는 것이 경쾌한 행마법입니다.

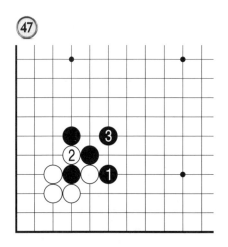

흑1로 단수치는 것이 좋습니다. 백2로 따낼 때 흑3으로 호구치면 두터운 세력을 구축할 수 있습니다.

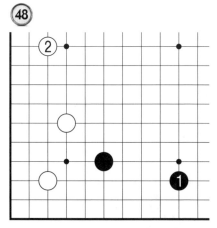

흑1로 벌리는 것이 정답입니다. 백도 2로 벌려서 정석이 일단락됩니다.

제 7 장 중급 행마

행마란 바둑돌을 움직이는 방법을 얘기합니다. 부분 접전에서 돌의 형태에 따라서 나가야 하는 길이 있는데 이 길을 바로 행마라고 부릅니다. 행마법을 정확히 알고 있다면 바둑을 두기가 그만큼 쉬워집니다.

A~C 중 가장 적절한 행마법은 어느 곳일까요?

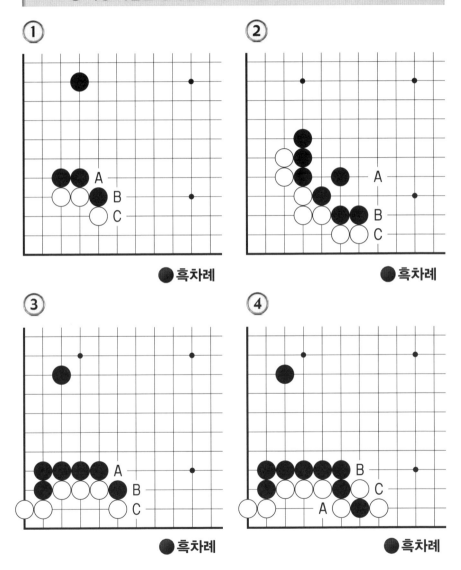

① ●흑차례

② ●흑차례

③ ●흑차례

④ ●흑차례

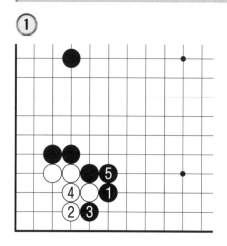

흑1로 이단 젖히는 것이 정답입니다.
백2로 호구치면 흑3을 선수한 후 5로
잇는 것이 좋은 수순입니다.

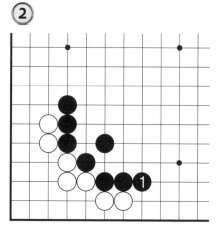

흑1로 뻗는 것이 두점머리 급소를 예
방하는 좋은 행마법입니다.

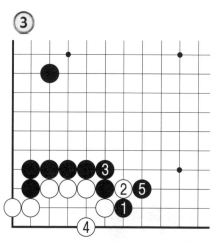

흑1로 이단 젖히는 것이 좋은 행마법
입니다. 백은 약점 때문에 2·4로 물
러설 수밖에 없습니다. 흑5까지 흑의
세력이 막강합니다.

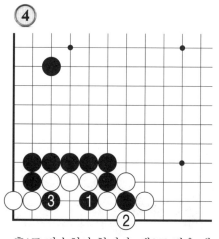

흑1로 단수쳐야 합니다. 백2로 잡을 때
흑3으로 단수치면 귀의 백돌을 잡을
수 있습니다.

A~C 중 가장 적절한 행마법은 어느 곳일까요?

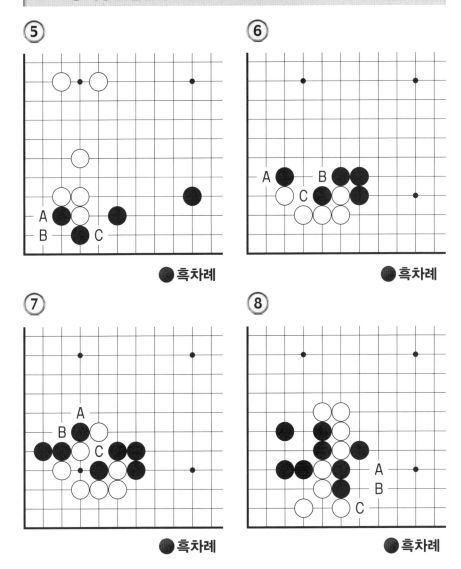

⑤

●흑차례

⑥

●흑차례

⑦

●흑차례

⑧

●흑차례

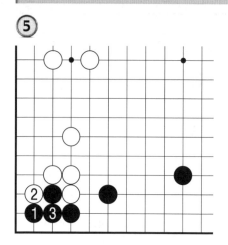

흑1로 호구치는 것이 정답입니다. 백은 2를 선수한 후 손을 빼야 합니다. 흑3까지 형태가 일단락됩니다.

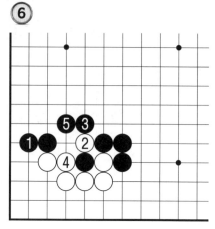

흑1로 내려서는 것이 적절한 행마법입니다. 백2로 단수치면 흑3을 선수한 후 5로 보강해서 흑이 유리합니다.

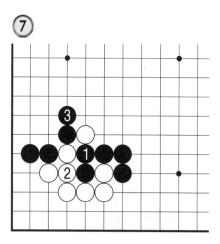

흑1로 단수친 후 백2 때 흑3으로 뻗는 것이 좋은 행마법입니다.

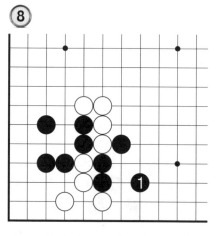

흑1로 한칸 뛰는 것이 흑의 약점을 보강하는 적절한 행마법입니다.

A~C 중 가장 적절한 행마법은 어느 곳일까요?

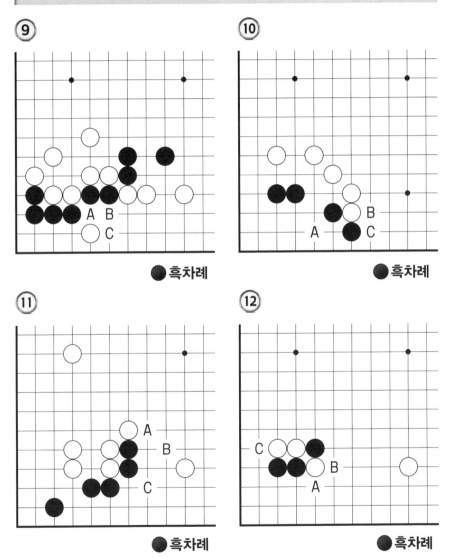

⑨

● 흑차례

⑩

● 흑차례

⑪

● 흑차례

⑫

● 흑차례

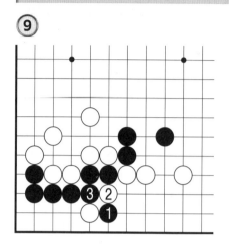

흑1로 막아야 합니다. 백2로 단수쳐도 흑3으로 단수치면 그만입니다.

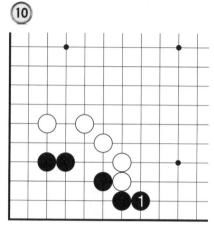

흑1로 뻗어서 변으로 진출을 시도하는 것이 좋은 행마법입니다.

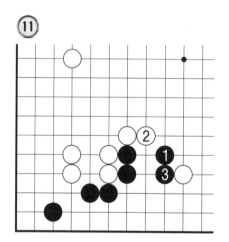

흑1로 한칸 뛰어서 변으로 진출해야 합니다. 백2로 호구자리 급소를 차지하면 흑3이 쌍립의 급소가 됩니다.

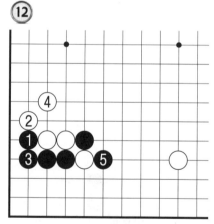

흑1·3으로 젖혀 이어야 합니다. 백4로 보강할 때 흑5로 단수치면 상당한 전과를 거둘 수 있습니다.

A~C 중 가장 적절한 행마법은 어느 곳일까요?

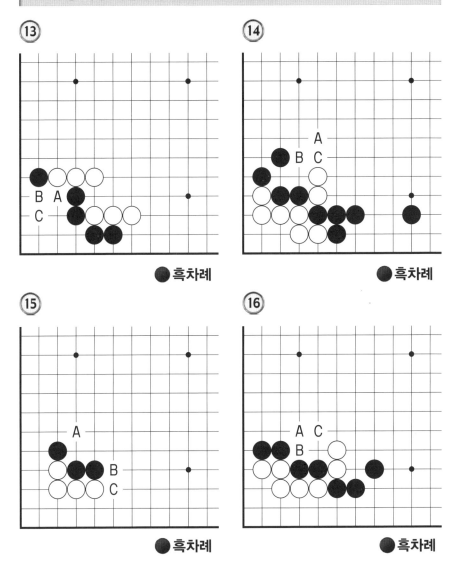

⑬

● 흑차례

⑭

● 흑차례

⑮

● 흑차례

⑯

● 흑차례

⑬

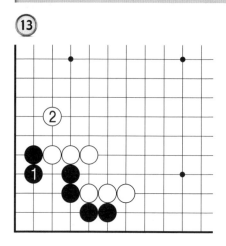

흑1로 뻗는 것이 좋은 행마법입니다.
백은 2로 한칸 뛰어 받는 것이 적절한
응수법입니다.

⑭

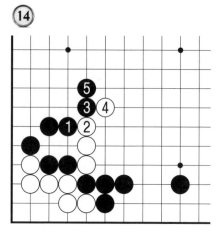

흑1이 쌍립의 급소에 해당하는 곳입니다.
백2 때 흑3·5로 젖혀서 뻗어 두면 흑은
매우 튼튼한 형태를 만들 수 있습니다.

⑮

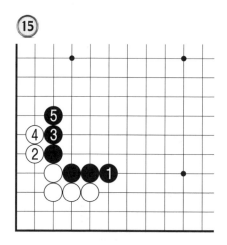

흑1이 두점머리에 해당하는 급소입니
다. 백2로 젖힌다면 흑3으로 뻗은 후
백4, 흑5까지 형태를 정비해서 충분합
니다.

⑯

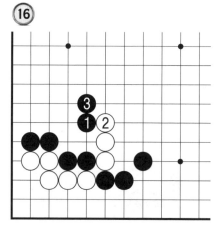

흑1로 한칸 뛰는 것이 행마법입니다.
백2로 밀면 흑3으로 뻗는 것이 좋은
응수법입니다.

A~C 중 가장 적절한 행마법은 어느 곳일까요?

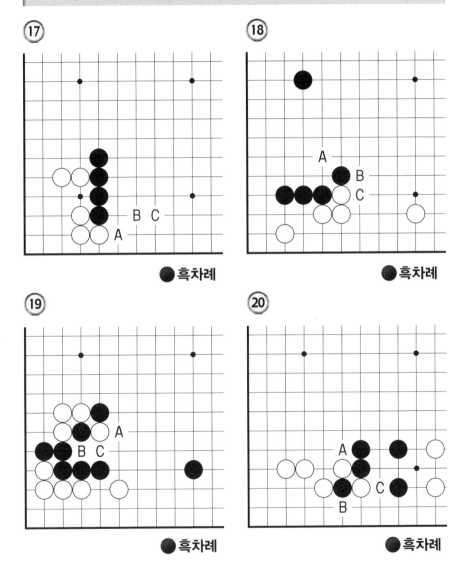

⑰

● 흑차례

⑱

● 흑차례

⑲

● 흑차례

⑳

● 흑차례

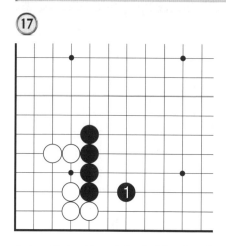

흑1로 한칸 뛰는 것이 약점을 만들지 않는 적절한 행마법입니다.

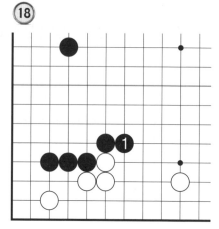

흑1로 뻗는 것이 힘찬 행마법입니다. 흑1은 자신의 세력을 넓히면서 하변 백의 약점을 노리는 수입니다.

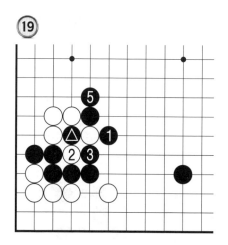

흑1로 단수치는 것이 좋은 행마법입니다. 백2로 따낼 때 흑3을 선수한 후 5로 뻗어 두면 흑은 매우 튼튼한 모양이 되었습니다. (백4…흑⚫)

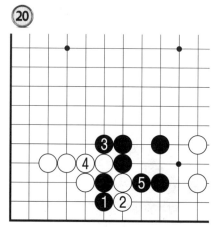

흑1로 뻗어서 두점으로 키워 죽이는 것이 좋은 행마법입니다. 백2로 막을 때 흑3·5를 선수하면 흑은 매우 튼튼한 모양을 만들 수 있습니다.

A~C 중 가장 적절한 행마법은 어느 곳일까요?

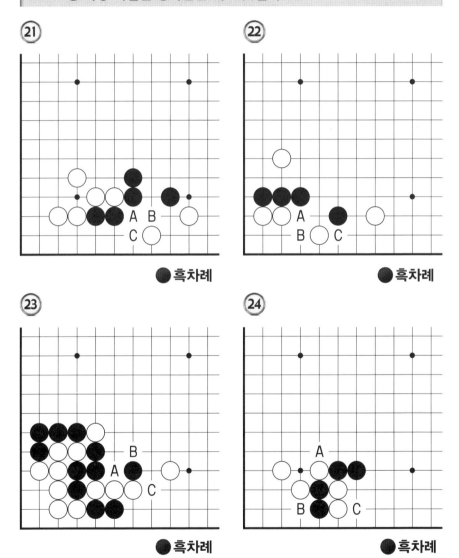

㉑

● 흑차례

㉒

● 흑차례

㉓

● 흑차례

㉔

● 흑차례

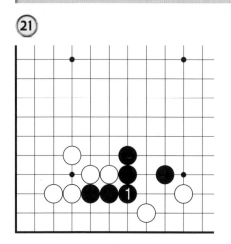

흑1로 튼튼하게 이어 두어야 백에게 더 이상 활용을 당하지 않습니다.

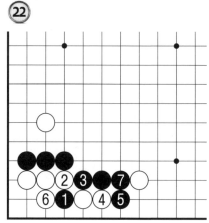

흑1·3으로 건너 붙여 절단하는 것이 백 모양에 약점을 만드는 방법입니다. 백2·4로 잡을 때 흑3·5를 선수한 후 7로 이어 두면 흑 세력이 매우 두텁습니다.

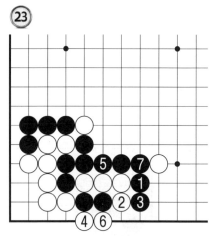

흑1·3·5를 선수한 후 7로 잇는 것이 적절한 사석전법입니다. 흑은 두점을 사석으로 이용해서 매우 유리한 결과를 만들어 냈습니다.

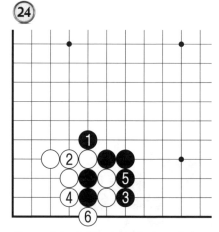

흑1로 단수친 후 3으로 붙이는 것이 좋은 수순입니다. 흑5, 백6까지 흑은 선수로 형태를 정비했습니다.

A~C 중 가장 적절한 행마법은 어느 곳일까요?

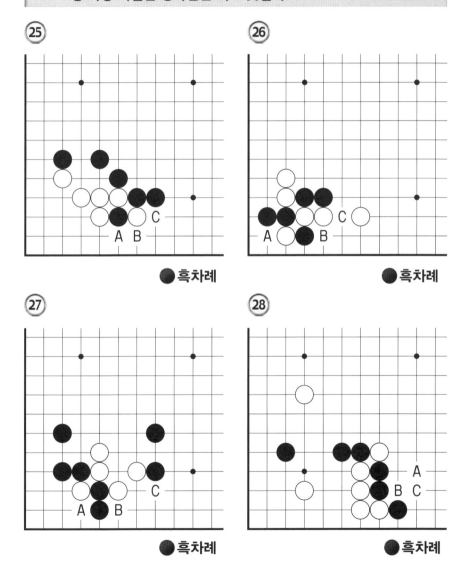

㉕

● 흑차례

㉖

● 흑차례

㉗

● 흑차례

㉘

● 흑차례

㉕

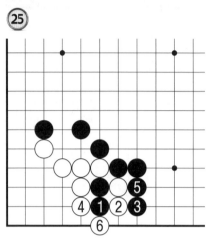

흑1로 키워 죽여야 합니다. 백2로 잡는다면 흑3으로 붙인 후 5로 단수쳐서 선수로 백을 봉쇄할 수 있습니다. 백2로는 3의 곳에 두는 것이 정수입니다.

㉖

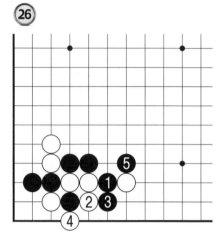

흑1로 단수쳐야 합니다. 백2 때 흑3을 선수한 후 5로 호구치면 매우 튼튼한 형태를 만들 수 있습니다. 귀는 여전히 뒷맛이 존재합니다.

㉗

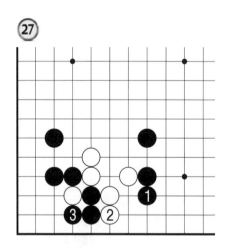

흑1로 내려서는 것이 좋은 행마법입니다. 백2로 차단할 수밖에 없을 때 흑3으로 백 한점을 제압해 두면 백 전체를 공격할 수 있습니다.

㉘

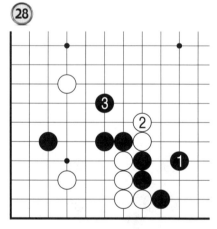

흑1로 한칸 뛰는 것이 모양의 급소입니다. 백2로 올라설 때 흑3으로 한칸 뛰어 진출하면 흑으로선 충분히 싸울 수 있습니다.

A~C 중 가장 적절한 행마법은 어느 곳일까요?

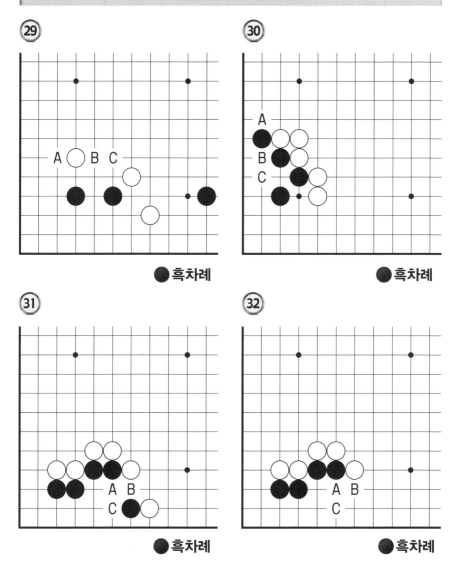

㉙

● 흑차례

㉚

● 흑차례

㉛

● 흑차례

㉜

● 흑차례

(29)

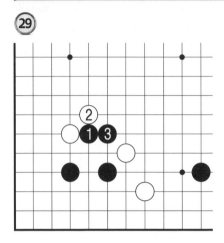

흑1로 붙이는 것이 중요합니다. 백2로 젖히면 흑3으로 뻗어서 자연스럽게 중앙진출이 가능합니다.

(30)

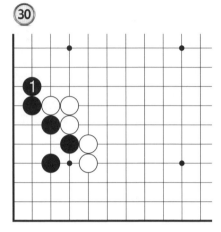

흑1로 뻗는 것이 변으로 머리를 내미는 좋은 행마법입니다.

(31)

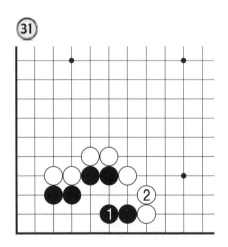

흑1로 물러서야 합니다. 백은 2로 보강하는 정도입니다.

(32)

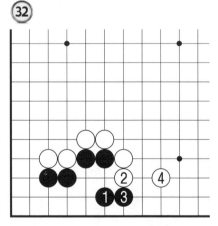

흑1로 한칸 뛰는 것이 정답입니다. 백2로 치받는다면 흑3을 선수하는 것이 중요합니다. 백은 뒷맛 관계상 4로 늦추는 것이 좋습니다.

7 중급 행마 문제33~36

A~C 중 가장 적절한 행마법은 어느 곳일까요?

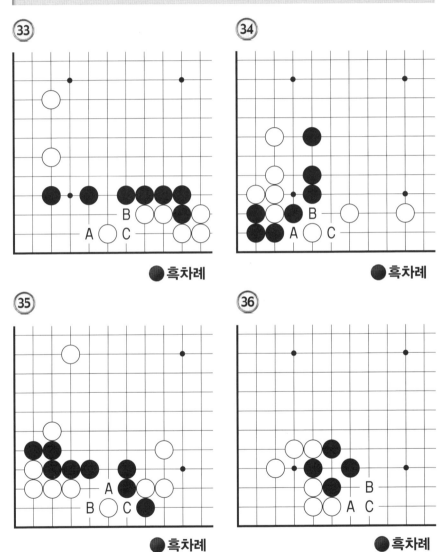

㉝ ●흑차례

㉞ ●흑차례

㉟ ●흑차례

㊱ ●흑차례

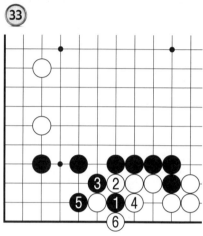

흑1 · 3으로 건너 붙여 절단해야 합니다. 백4로 단수칠 때 흑은 5를 기분 좋게 선수활용할 수 있습니다.

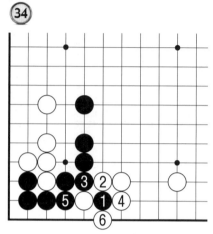

흑1 · 3으로 건너 붙여 절단해야 합니다. 백2 · 4로 단수칠 때 흑5, 백6까지 처리하면 흑이 선수를 취할 수 있습니다.

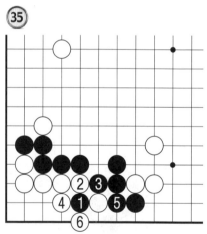

흑1 · 3으로 건너 붙여 절단해야 합니다. 백2 · 4로 단수칠 때 흑5를 선수하면 백6까지 흑이 선수가 됩니다.

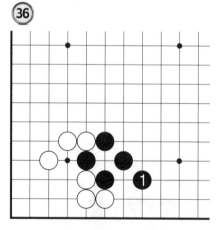

흑1로 호구쳐서 받는 것이 정답입니다. 흑이 곧바로 막으면 백이 1의 곳을 들여다보는 뒷맛이 남습니다.

A~C 중 가장 적절한 행마법은 어느 곳일까요?

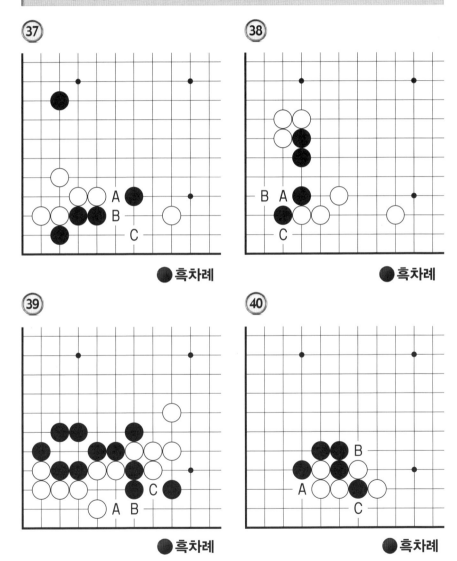

제7장 중급 행마 ∷ **215**

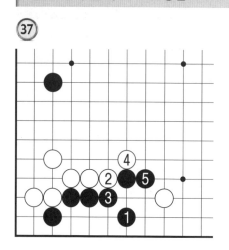

흑1로 한칸 뛰는 것이 정답입니다. 백이 2를 선수한 후 4로 젖힌다면 흑5로 뻗어서 자연스럽게 중앙진출이 가능합니다.

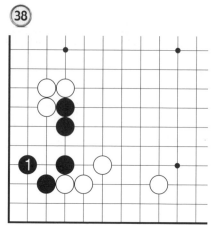

흑1로 호구치는 것이 백에게 더 이상 활용당하지 않는 적절한 행마법입니다.

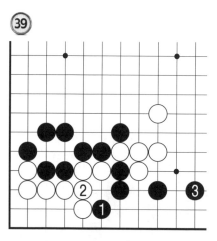

흑1로 선수하는 것이 긴요합니다. 백2로 이을 때 흑3으로 한칸 뛰면 능률적인 방법으로 변으로 진출할 수 있습니다.

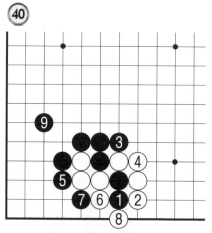

흑1로 뻗어서 두점으로 키워 죽여야 합니다. 백2로 막을 때 흑3을 선수한 후 5로 막는 것이 좋은 수순입니다. 백6 이하 흑9까지 흑이 능률적으로 처리한 결과입니다.

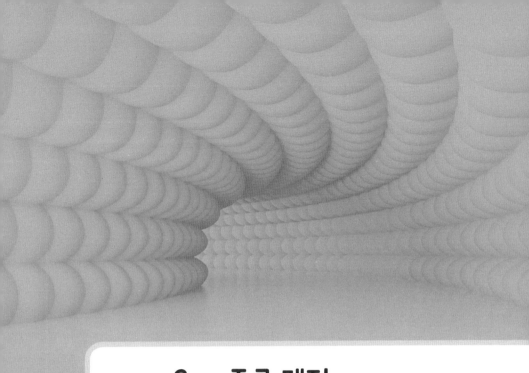

제 8 장 중급 맥점

바둑은 누가 집을 많이 차지하느냐에 따라서 승패가 갈리
는 게임입니다. 그런데 상대방 돌을 잡을 수만 있다면 따낸
돌로 상대방 집을 메울 수 있기 때문에 그 가치가 더욱 커
집니다. 이 장에서는 돌을 잡는 기본 기술을 문제 풀이를
통해 공부하도록 하겠습니다.

백을 잡을 수 있는 맥을 찾아 수순을 표시하세요.(1~3수 정도)

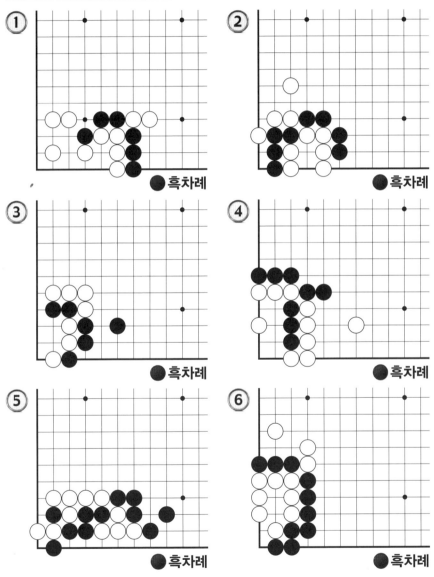

① ●흑차례

② ●흑차례

③ ●흑차례

④ ●흑차례

⑤ ●흑차례

⑥ ●흑차례

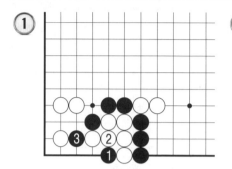

흑1·3으로 공격하면 백을 잡을
수 있습니다.

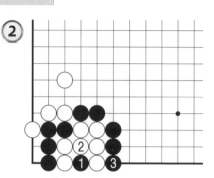

흑1·3으로 공격하면 백을 잡을
수 있습니다.

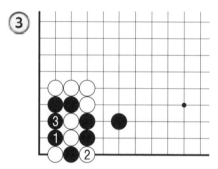

흑1·3으로 공격하면 백을 잡을
수 있습니다.

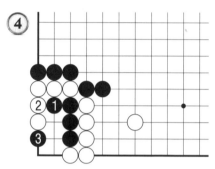

흑1·3으로 공격하면 백을 잡을
수 있습니다.

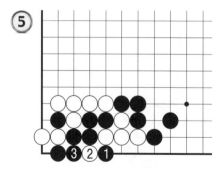

흑1로 젖히면 백2로 먹여쳐도 흑3으
로 따내서 백을 잡을 수 있습니다.

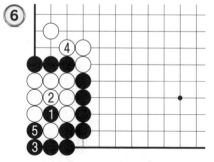

흑1로 먹여친 후 백2 때 흑3·5로
공격하면 백을 잡을 수 있습니다.

백을 잡을 수 있는 맥을 찾아 수순을 표시하세요.(1~3수 정도)

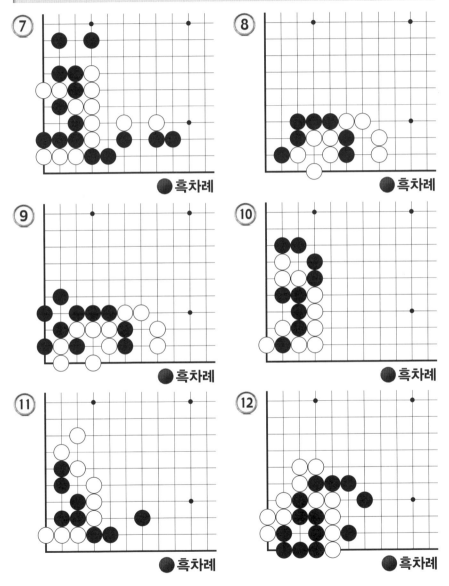

⑦ ●흑차례

⑧ ●흑차례

⑨ ●흑차례

⑩ ●흑차례

⑪ ●흑차례

⑫ ●흑차례

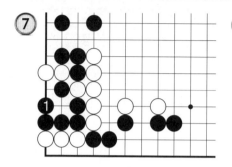

흑1로 한집을 만들면 유가무가 형태가 되어 백을 잡을 수 있습니다.

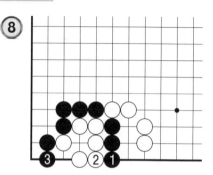

흑1·3으로 공격하면 백을 잡을 수 있습니다.

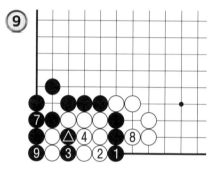

흑1로 내려선 후 백2 때 흑3 이하 7까지 공격하면 백을 잡을 수 있습니다. (흑5…흑▲, 백6…흑3)

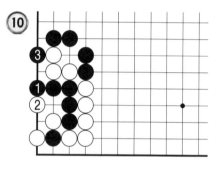

흑1·3으로 공격하면 백을 자충으로 유도해서 잡을 수 있습니다.

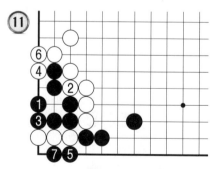

흑1로 한집을 만들면 백2 이하 흑7까지 흑이 한수 빠릅니다.

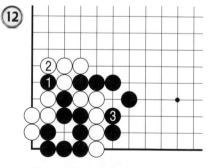

흑1로 끊는 것이 맥점입니다. 백2 때 흑3으로 수를 조이면 백을 잡을 수 있습니다.

백을 잡을 수 있는 맥을 찾아 수순을 표시하세요.(1~3수 정도)

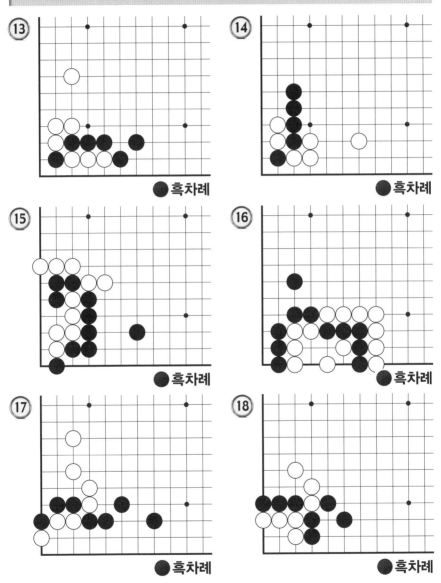

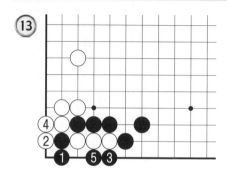

흑1로 내려서면 백2로 수를 줄여도
흑5까지 백을 잡을 수 있습니다.

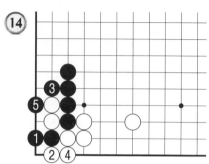

흑1로 내려서면 백2로 수를 줄여도 흑5
까지 흑이 한수 빠른 수상전이 됩니다.

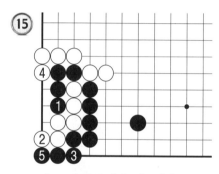

흑1로 수를 줄인 후 백2 때 흑3·5로
공격하면 백을 잡을 수 있습니다.

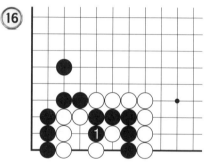

흑1로 단수치면 백 한점을 이을 수
없으므로 백을 잡을 수 있습니다.

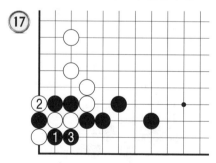

흑1로 맞끊는 것이 맥점입니다. 백2
때 흑3으로 단수치면 백을 잡을 수
있습니다.

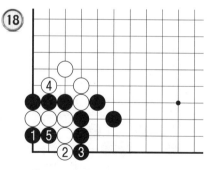

흑1로 붙인 후 백2 때 흑3·5로
공격하면 백을 잡을 수 있습니다.

8 중급 맥점 문제19~24

백을 잡을 수 있는 맥을 찾아 수순을 표시하세요.(1~3수 정도)

⑲

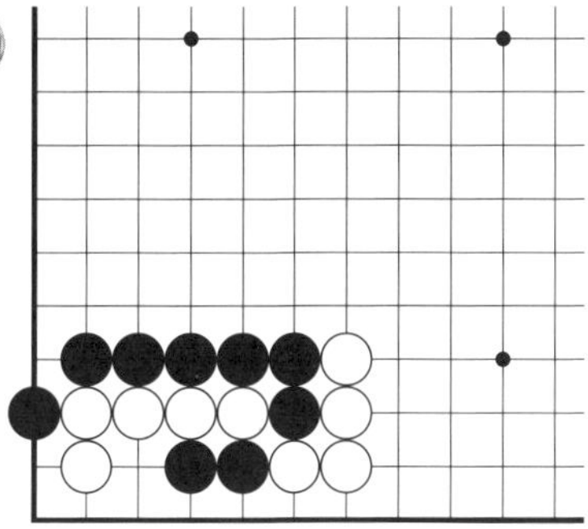

●흑차례

⑳

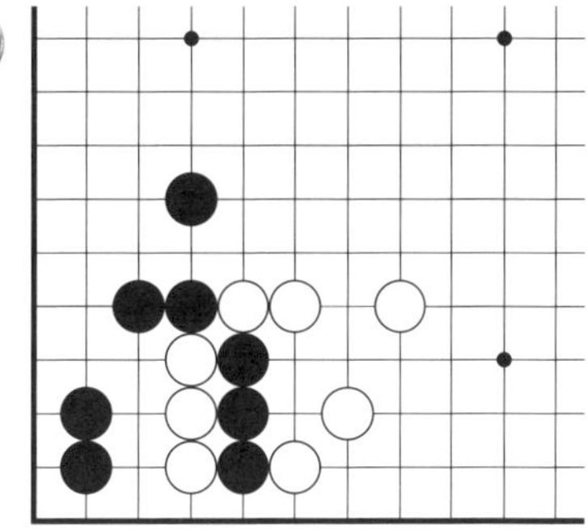

●흑차례

㉑

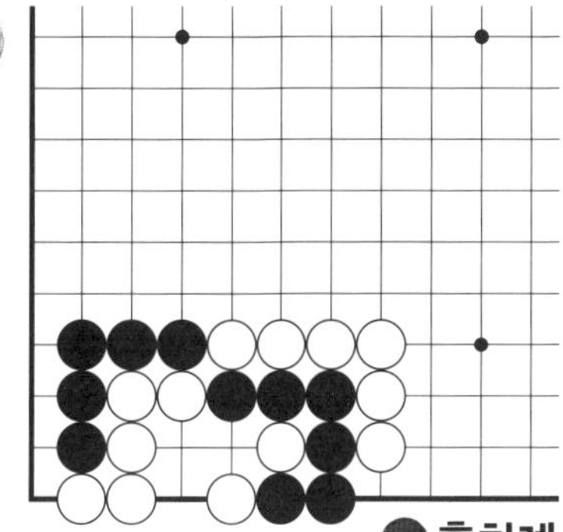

●흑차례

㉒

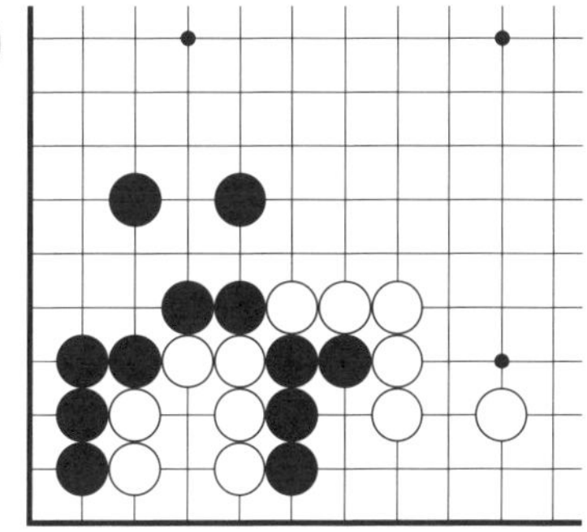

●흑차례

㉓

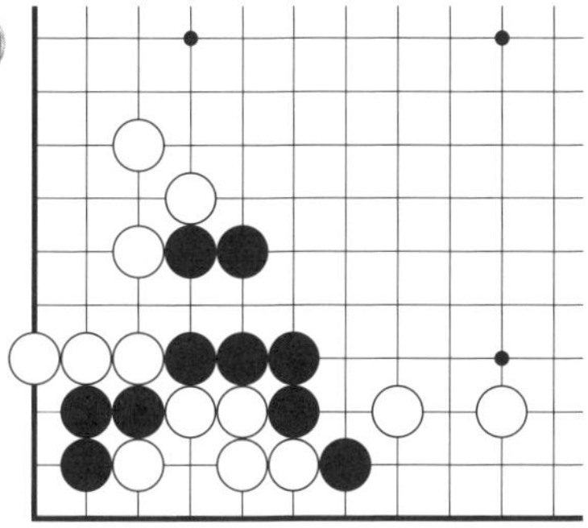

●흑차례

㉔

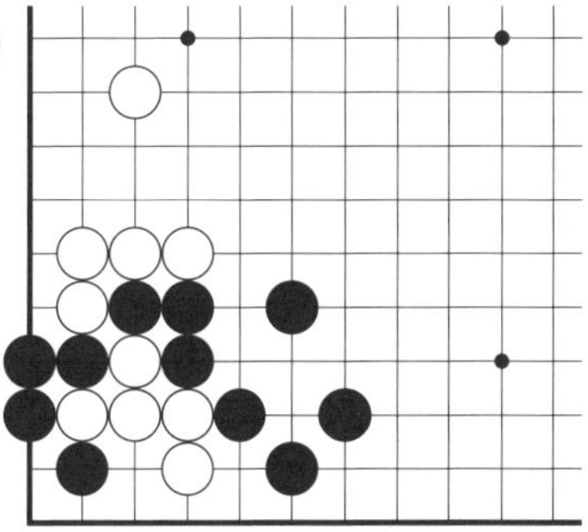

●흑차례

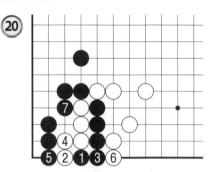

⑲ 흑1이 공격의 급소입니다. 백2 때 흑3·5·7
로 수를 줄이면 백을 잡을 수 있습니다.

⑳ 흑1·3으로 젖혀 잇는 것이 좋은 맥점입니다. 백2·4로
응수할때 흑5·7로 수를 줄이면 백을 잡을 수 있습니다.

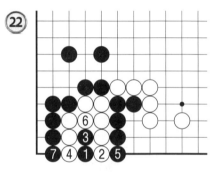

㉑ 흑1로 두는 것이 중요합니다. 백2 때 흑
3으로 따내면 백을 잡을 수 있습니다.

㉒ 흑1로 치중해야 합니다. 백2 때 흑3·5·7
로 수를 줄이면 백을 잡을 수 있습니다.

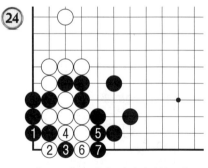

㉓ 흑1로 젖히는 것이 맥점입니다. 백2
때 흑3·5로 수를 줄이면 백을 잡을
수 있습니다.

㉔ 흑1로 잇는 것이 맥점입니다. 백2로
붙인다면 흑3·5·7로 수를 줄여서
백을 잡을 수 있습니다.

백을 잡을 수 있는 맥을 찾아 수순을 표시하세요.(1~3수 정도)

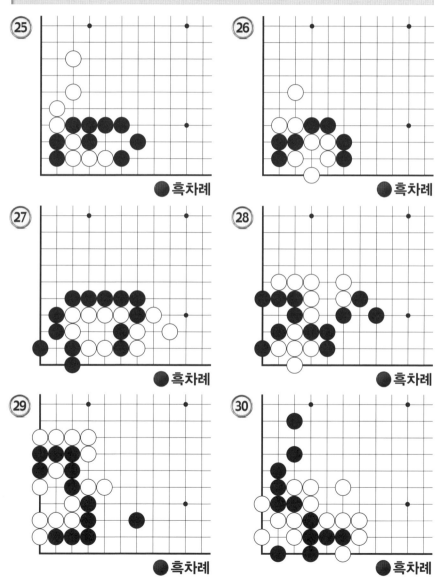

㉕ ●흑차례

㉖ ●흑차례

㉗ ●흑차례

㉘ ●흑차례

㉙ ●흑차례

㉚ ●흑차례

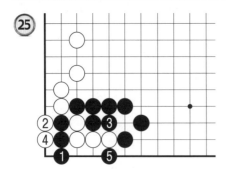

흑1로 내려서야합니다. 백2로 젖힐때 흑3·5로 수를
줄이면 자충으로 유도해서 백을 잡을 수 있습니다.

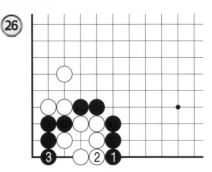

흑1·3으로 공격하면 백을 잡을
수 있습니다.

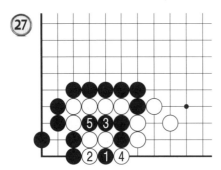

흑1로 젖힌 후 백2 때 흑3으로 단수치면
백4, 흑5까지 백을 잡을 수 있습니다.

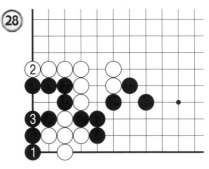

흑1로 뻗는 것이 정답입니다. 백2로 수를 줄여
도 흑3으로 이으면 백은 유가무가로 잡힙니다.

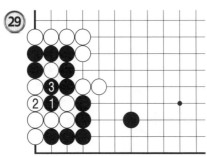

흑1로 두는 것이 맥점입니다. 백2 때
흑3으로 따내면 흑이 한수 빠릅니다.

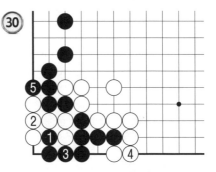

흑1이 맥점입니다. 백2 때 흑3·5로
공격하면 백을 잡을 수 있습니다.

백을 잡을 수 있는 맥을 찾아 수순을 표시하세요.(1~3수 정도)

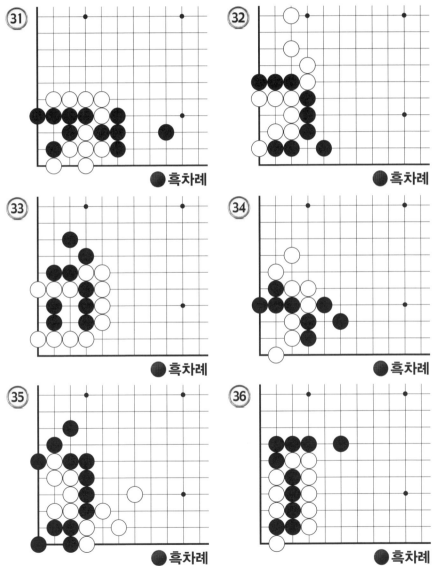

31 ● 흑차례

32 ● 흑차례

33 ● 흑차례

34 ● 흑차례

35 ● 흑차례

36 ● 흑차례

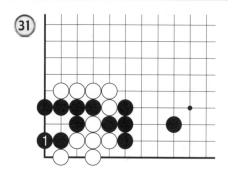

흑1로 내려서서 집을 만드는 것이 중요합
니다. 백은 유가무가로 잡힌 형태입니다.

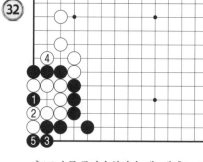

흑1로 수를 줄여야 합니다. 백2 때 흑3・5
로 수를 줄이면 백을 잡을 수 있습니다.

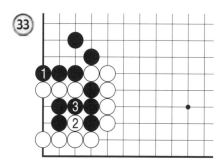

흑1・3으로 공격하면 백을 잡을
수 있습니다.

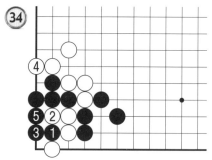

흑1로 두는 것이 맥점입니다. 백2 때 흑3・5
로 수를 줄이면 백을 잡을 수 있습니다.

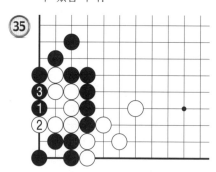

흑1이 공격의 급소입니다. 백2 때 흑3으로 수
를 줄이면 백은 유가무가로 잡힌 형태입니다.

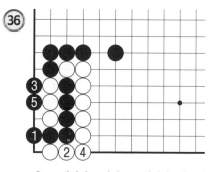

흑1로 내려서는 것이 중요합니다. 백2 때
흑3・5로 수를 줄이면 흑의 승리입니다.

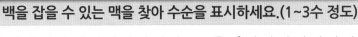

백을 잡을 수 있는 맥을 찾아 수순을 표시하세요.(1~3수 정도)

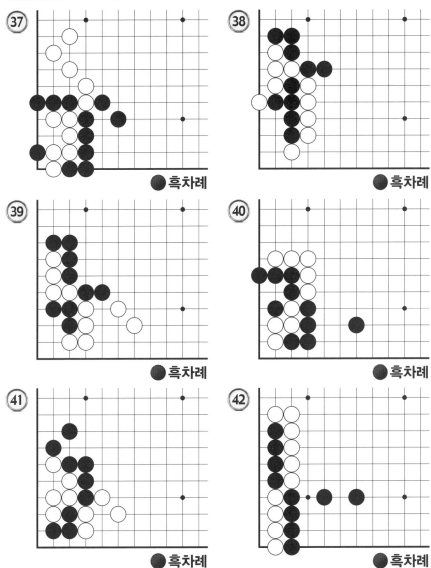

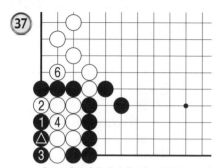

흑1로 파호해야 합니다. 백2 때 흑3으로 키 워 죽인 후 백4 이하 흑7까지 공격하면 흑 이 한수 빠릅니다.(흑5···흑●, 흑7···흑1)

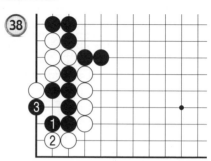

흑1로 구부리는 것이 맥점입니다. 백2 때 흑3으로 단수치면 백을 잡을 수 있습니다.

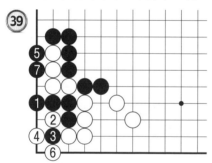

흑1로 내려서는 것이 중요합니다. 백2 때 흑3을 선 수한 후 흑5·7로 공격하면 백을 잡을 수 있습니다.

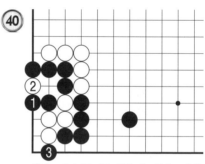

흑1·3으로 공격하면 백을 잡을 수 있습니다.

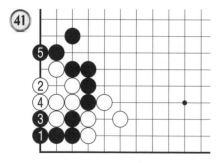

흑1로 내려서는 것이 맥점입니 다. 백2 때 흑3·5로 공격하면 백 을 잡을 수 있습니다.

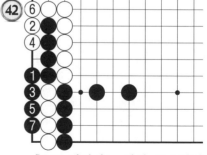

흑1로 내려서는 것이 급소입니 다. 백2 때 흑3·5·7로 수를 줄 이면 흑의 승리입니다.

백을 잡을 수 있는 맥을 찾아 수순을 표시하세요.(1~3수 정도)

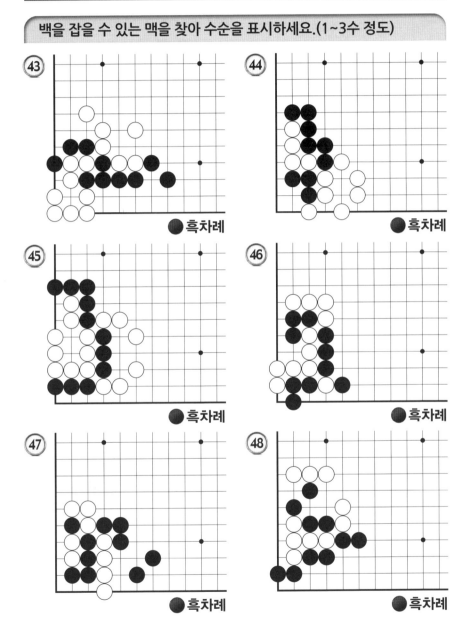

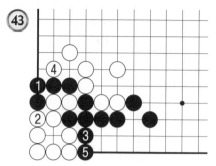

흑1로 잇는 것이 정답입니다. 백2로 이을 때
흑3·5로 공격하면 백을 잡을 수 있습니다.

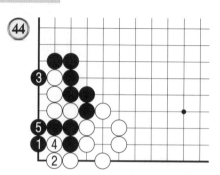

흑1이 맥점입니다. 백2 때 흑3으로 젖히면
백4, 흑5까지 백을 잡을 수 있습니다.

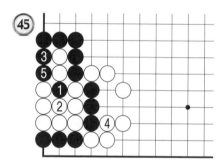

흑1로 먹여치는 것이 맥점입니다. 백2 때
흑3·5로 공격하면 백을 잡을 수 있습니다.

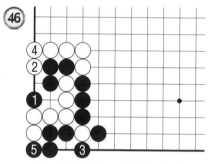

흑1로 수를 줄인 후 백2 때 흑3·5
로 공격하면 백을 잡을 수 있습니다.

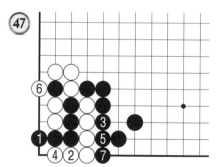

흑1로 내려서 백을 자충으로 유도해야
합니다. 백2 때 흑3·5·7로 수를 줄이면
백을 잡을 수 있습니다.

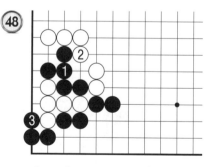

흑1로 잇는 것이 중요한 수입니다. 백
2 때 흑3으로 수를 줄이면 백을 잡을
수 있습니다.

백을 잡을 수 있는 맥을 찾아 수순을 표시하세요.(1~3수 정도)

49

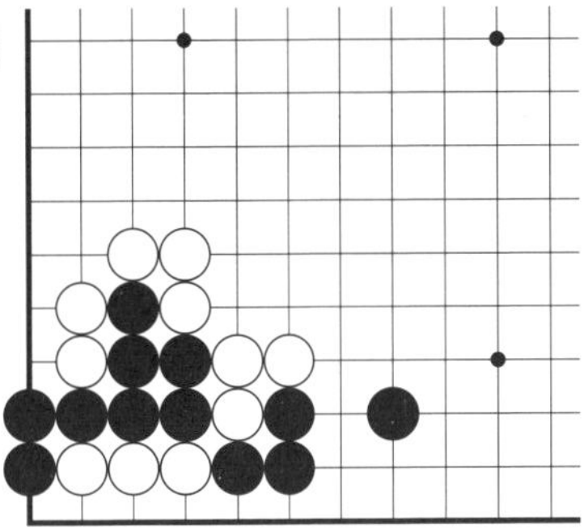

● 흑차례

50

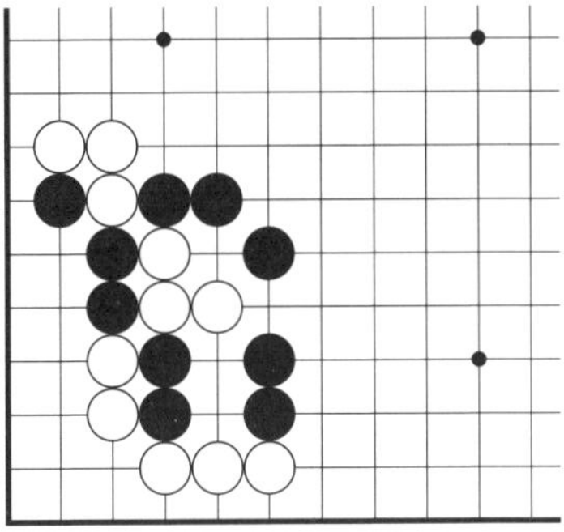

● 흑차례

51

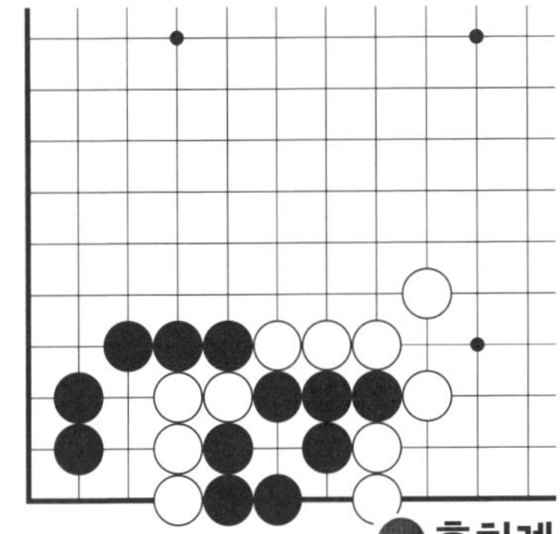

● 흑차례

52

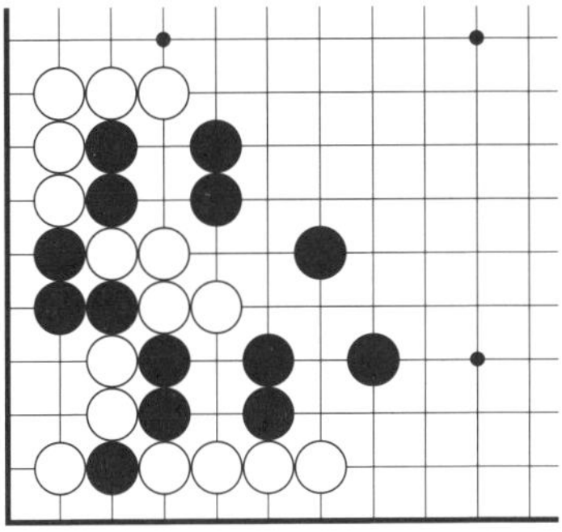

● 흑차례

53

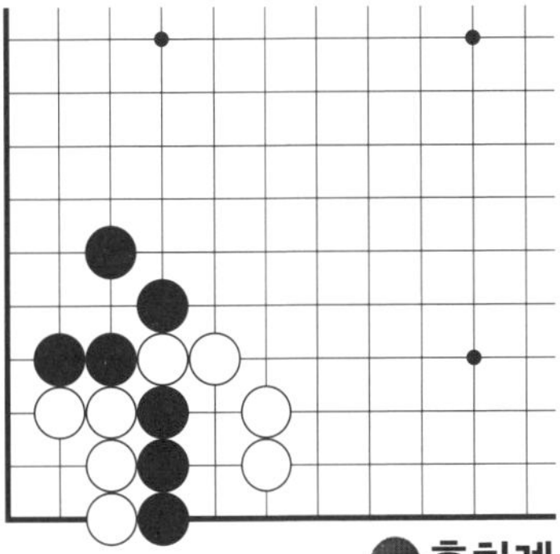

● 흑차례

54

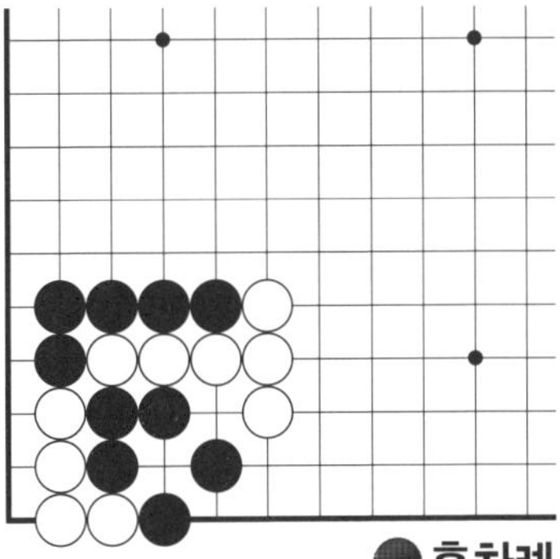

● 흑차례

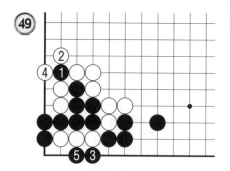

흑1로 끊어서 백을 자충으로 유도해야 합니다. 백2 때 흑3·5로 수를 줄이면 백을 잡을 수 있습니다.

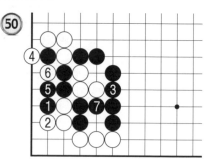

흑1로 젖혀야 합니다. 백2 때 흑3으로 수를 줄이면 흑5·7까지 백을 잡을 수 있습니다.

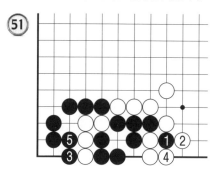

흑1로 끊어서 자충으로 유도해야 합니다. 백2 때 흑3·5로 공격하면 백을 잡을 수 있습니다.

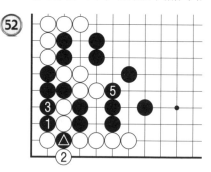

흑1·3으로 수를 늘린 후 흑5로 공격하면 백을 잡을 수 있습니다. (백4…흑▲)

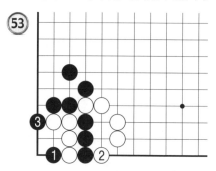

흑1·3으로 공격하면 백을 잡을 수 있습니다.

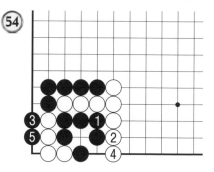

흑1로 집을 만든 후 백2 때 흑3·5로 수를 줄이면 백을 잡을 수 있습니다.

백을 잡을 수 있는 맥을 찾아 수순을 표시하세요.(1~3수 정도)

⑤⑤ ●흑차례

⑤⑥ ●흑차례

⑤⑦ ●흑차례

⑤⑧ ●흑차례

⑤⑨ ●흑차례

⑥⓪ ●흑차례

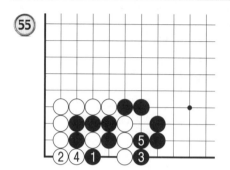

흑1로 따내야 합니다. 백2 때 흑3·5
로 공격하면 백을 잡을 수 있습니다.

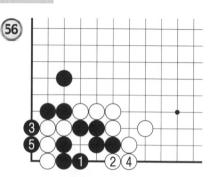

흑1로 한집을 만들어야 합니다. 백2 때 흑
3·5로 수를 줄이면 백을 잡을 수 있습니다.

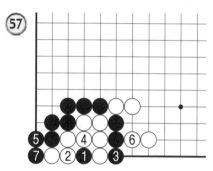

흑1로 치중하는 것이 맥점입니다. 백2 때 흑3·5·7
로 수를 줄이면 백을 잡을 수 있습니다.(흑3…흑▲)

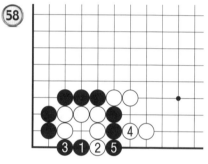

흑1로 치중하는 것이 정답입니다. 백2 때 흑
3·5로 공격하면 백을 잡을 수 있습니다.

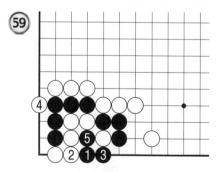

흑1로 치중한 후 백2 때 흑3·5
로 공격하면 흑의 승리입니다.

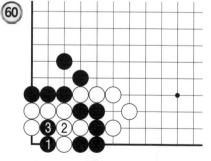

흑1로 단수쳐야합니다. 백2로 이을
때 흑3으로 단수치면 백을 잡을 수 있
습니다.

백을 잡을 수 있는 맥을 찾아 수순을 표시하세요.(1~3수 정도)

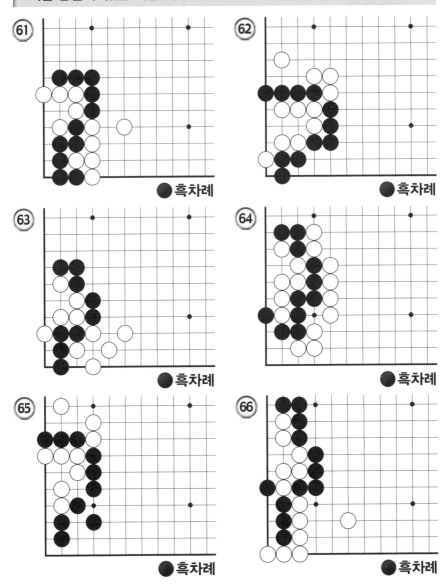

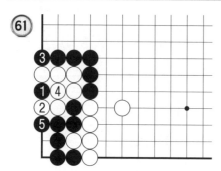

흑1로 치중한 후 백2 때 흑3·5로 공격하면 백을 잡을 수 있습니다.

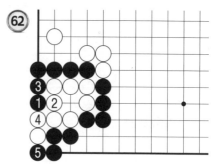

흑1이 맥점입니다. 백2 때 흑3·5로 공격하면 백을 잡을 수 있습니다.

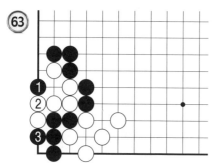

흑1·3으로 공격하면 백을 잡을 수 있습니다.

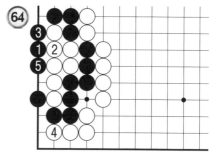

흑1이 맥점입니다. 백2 때 흑3·5로 공격하면 백을 잡을 수 있습니다.

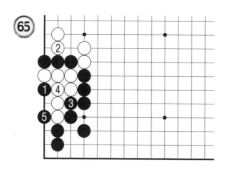

흑1이 맥점입니다. 백2 때 흑 3·5로 공격하면 백을 잡을 수 있습니다.

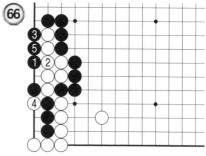

흑1이 맥점입니다. 백2 때 흑 3·5로 공격하면 백을 잡을 수 있습니다.

8 중급 맥점 문제67~72

백을 잡을 수 있는 맥을 찾아 수순을 표시하세요.(1~3수 정도)

67 ●흑차례

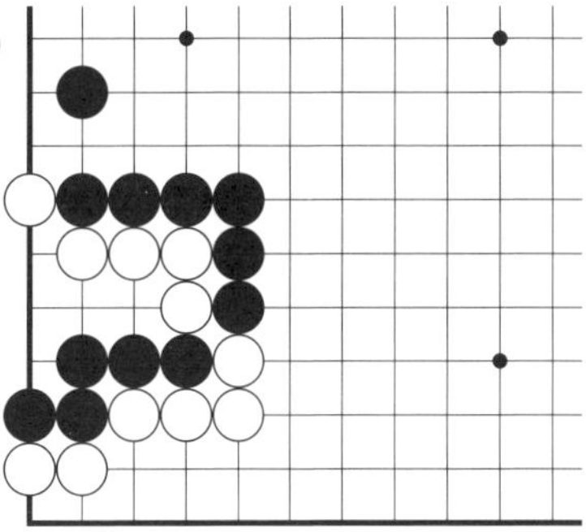

68 ●흑차례

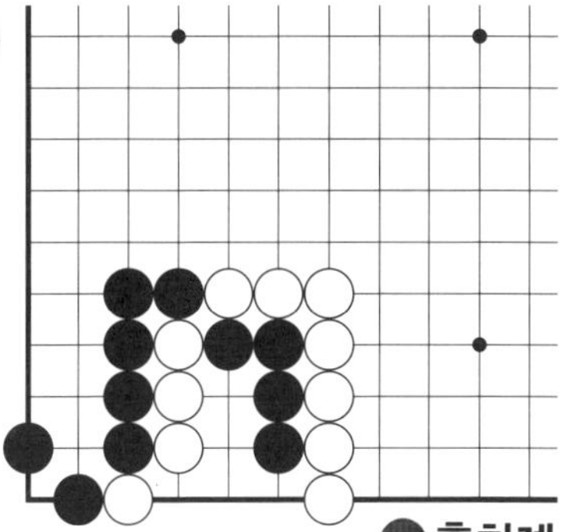

69 ●흑차례

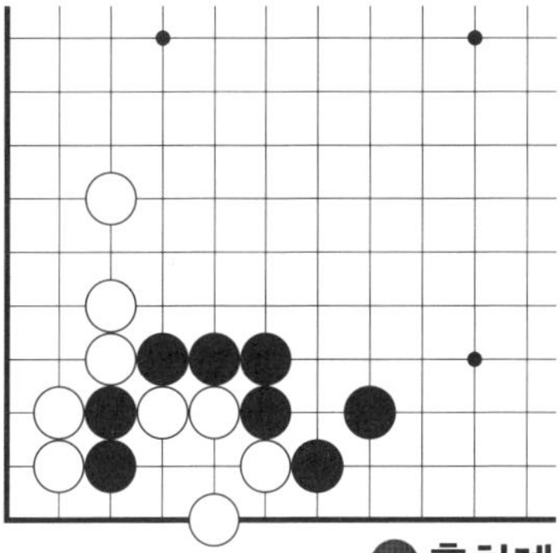

70 ●흑차례

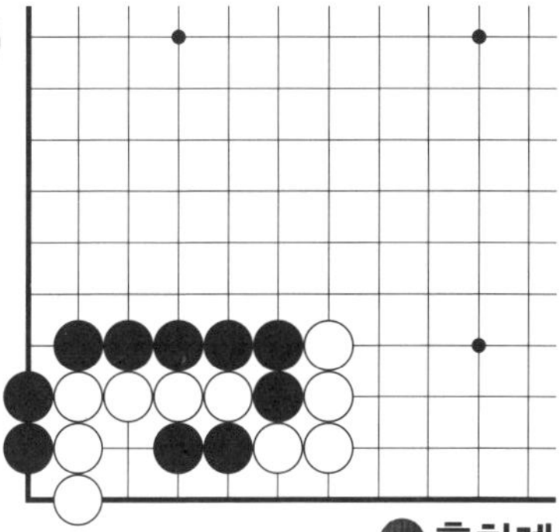

71 ●흑차례

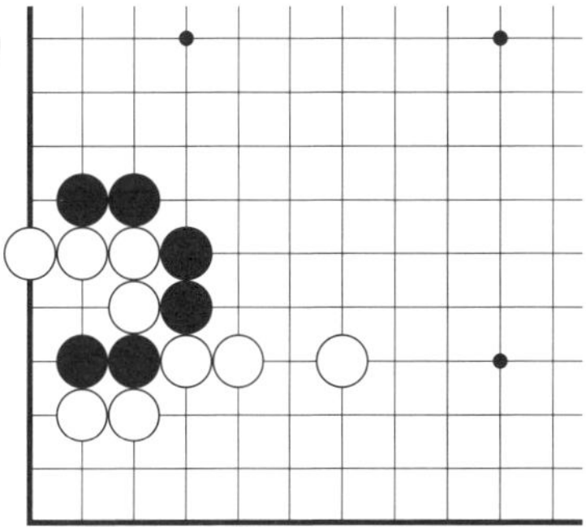

72 ●흑차례

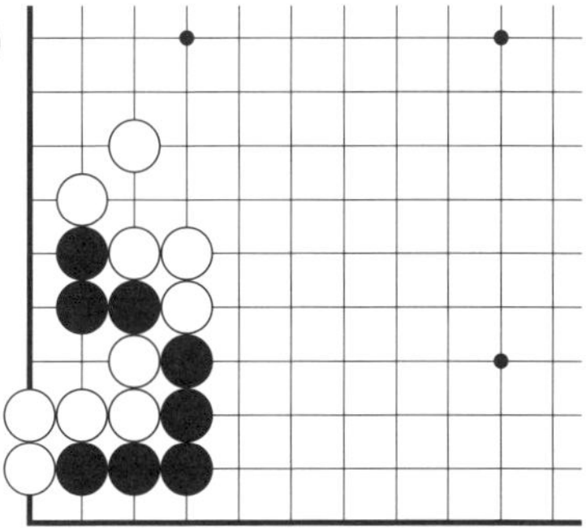

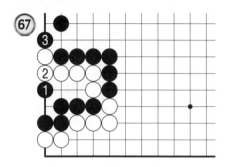

흑1로 들여다본 후 백2 때 흑3으로 활로를 줄이면 백을 유가무가로 만들어서 잡을 수 있습니다.

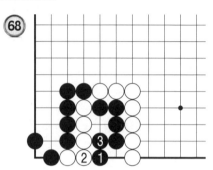

흑1이 맥점입니다. 백2 때 흑3으로 단수치면 백을 잡을 수 있습니다.

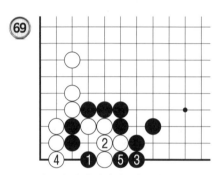

흑1이 맥점입니다. 백2 때 흑3·5로 공격하면 백을 잡을 수 있습니다.

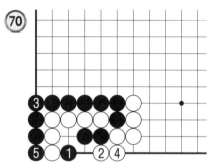

흑1이 맥점입니다. 백2 때 흑3·5로 공격하면 백을 잡을 수 있습니다.

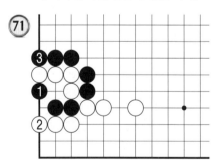

흑1·3으로 수를 줄이면 백을 자충으로 유도해서 잡을 수 있습니다.

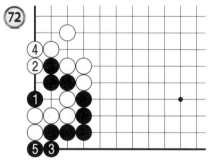

흑1이 맥점입니다. 백2 때 흑3·5로 공격하면 백을 잡을 수 있습니다.

백을 잡을 수 있는 맥을 찾아 수순을 표시하세요.(1~3수 정도)

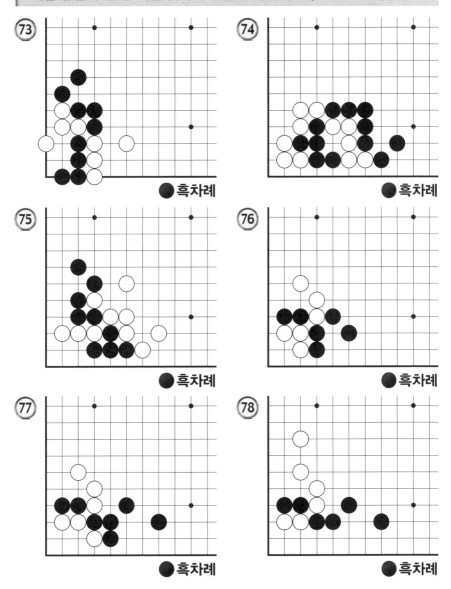

(73) ● 흑차례

(74) ● 흑차례

(75) ● 흑차례

(76) ● 흑차례

(77) ● 흑차례

(78) ● 흑차례

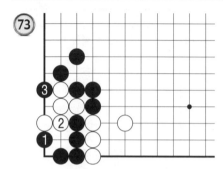

흑1이 급소입니다. 백2로 파호할 때 흑3으로 수를 줄이면 백은 유가무가에 걸려 잡힙니다.

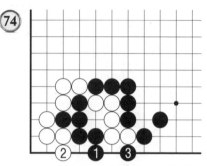

흑1로 내려서는 것이 급소입니다. 백2 때 흑3으로 젖히면 백은 자충에 걸려 잡힙니다.

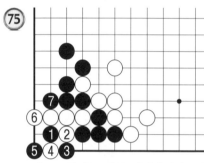

흑1로 붙이는 것이 맥점입니다. 백2·4·6으로 저항해도 흑7까지의 진행이면 흑이 빠른 수상전입니다.

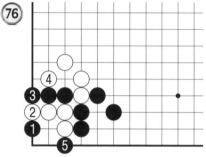

흑1이 맥점입니다. 백2 때 흑3·5로 공격하면 백을 잡을 수 있습니다.

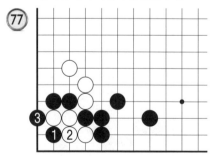

흑1로 껴붙이는 것이 정답입니다. 백2 때 흑3으로 수를 줄이면 흑의 승리입니다.

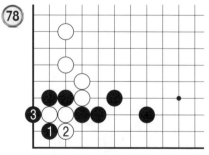

흑1이 배붙임의 맥점입니다. 백2 때 흑3으로 넘으면 흑의 승리입니다.

백을 잡을 수 있는 맥을 찾아 수순을 표시하세요.(1~3수 정도)

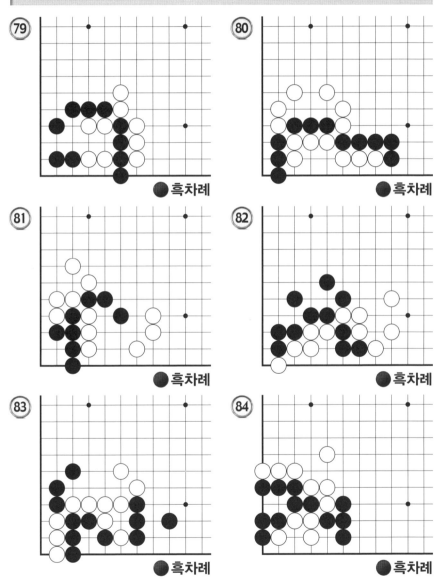

79 ● 흑차례

80 ● 흑차례

81 ● 흑차례

82 ● 흑차례

83 ● 흑차례

84 ● 흑차례

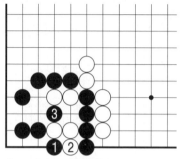

흑1로 젖힌 후 백2 때 흑3으로 단수치면 백을 자충으로 유도해서 잡을 수 있습니다.

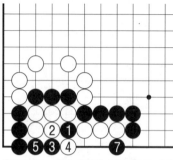

흑1로 끊는 것이 맥점입니다. 백2로 단수칠 때 흑3·5를 선수한 후 흑7로 공격하면 백을 잡을 수 있습니다.(백6…흑1)

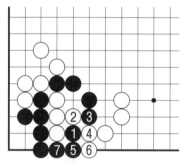

흑1로 껴붙이는 것이 맥점입니다. '백2·4로 단수칠 때 흑3·5·7로 내려서는 수가 성립합니다.

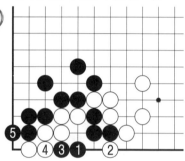

흑1이 맥점입니다. 백2 때 흑3·5로 공격하면 백을 잡을 수 있습니다.

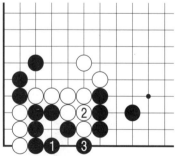

흑1로 한집을 만들어야 합니다. 백2로 이을 때 흑3으로 넘으면 귀의 백을 잡을 수 있습니다.

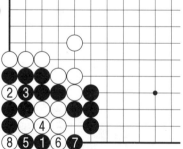

흑1로 치중하는 것이 맥점입니다. 백2·4·6으로 저항해도 흑9까지 공격하면 백은 유가무가에 걸려서 잡히게 됩니다. (흑9…흑5)

8 중급 맥점 문제85~90

백을 잡을 수 있는 맥을 찾아 수순을 표시하세요.(1~3수 정도)

85

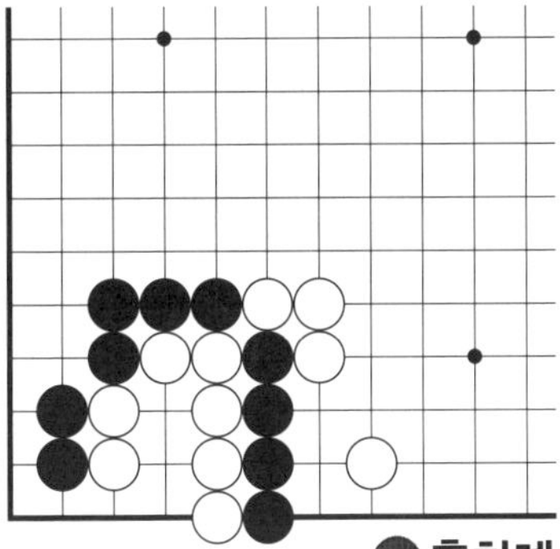

●흑차례

86

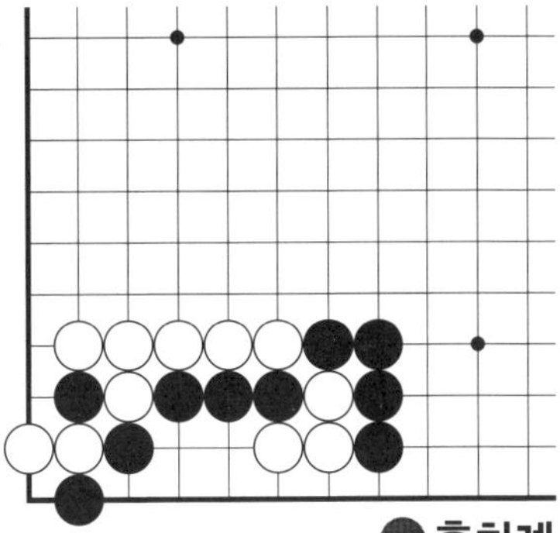

●흑차례

87

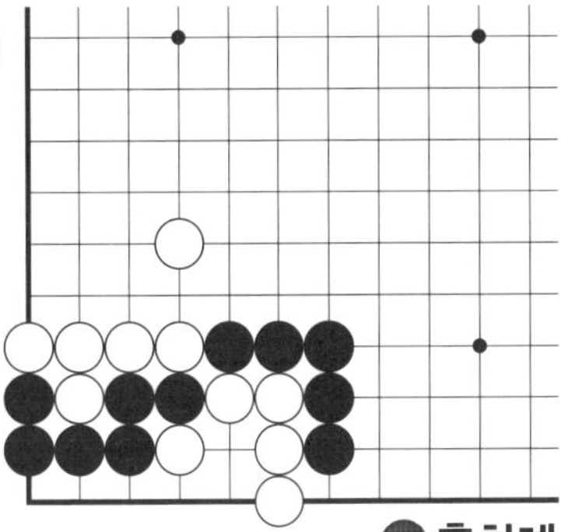

●흑차례

88

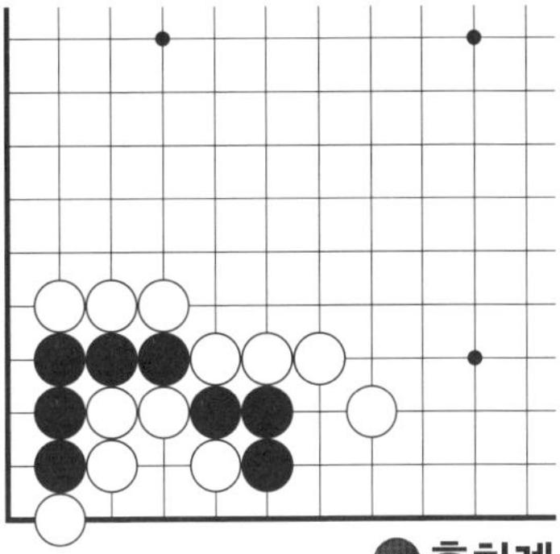

●흑차례

89

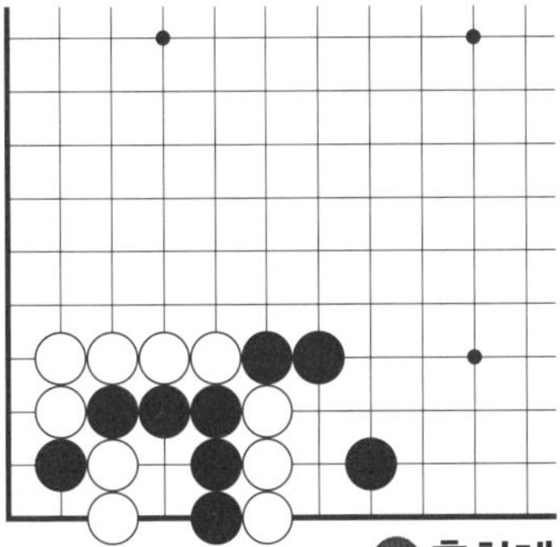

●흑차례

90

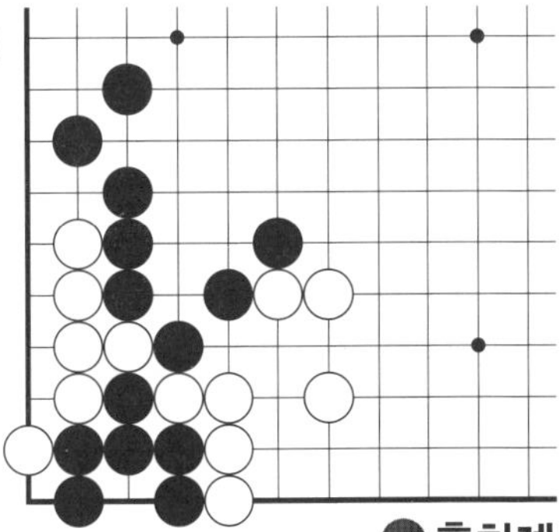

●흑차례

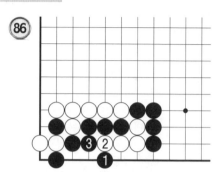

흑1이 맥점입니다. 백2 때 흑3 · 5로
공격하면 백을 잡을 수 있습니다.

흑1로 한칸 뛰어야 합니다. 백2로 수를 줄여도 흑3
으로 젖히면 백은 자충에 걸려 단수칠 수 없습니다.

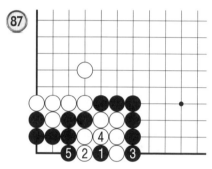

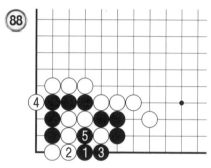

흑1이 맥점입니다. 백2 때 흑3 · 5로
공격하면 백을 잡을 수 있습니다.

흑1이 맥점입니다. 백2 때 흑3 · 5로
공격하면 백을 잡을 수 있습니다.

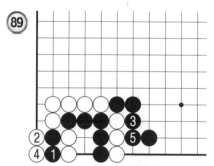

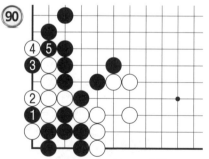

흑1로 키워 죽여야 합니다. 백
2 · 4로 잡을 때 흑3 · 5로 공격하
면 백을 잡을 수 있습니다.

흑1로 먹여친 후 백2 때 흑3으로
붙이면 백4, 흑5까지 백을 유가무
가로 만들어서 잡을 수 있습니다.

백을 잡을 수 있는 맥을 찾아 수순을 표시하세요.(1~3수 정도)

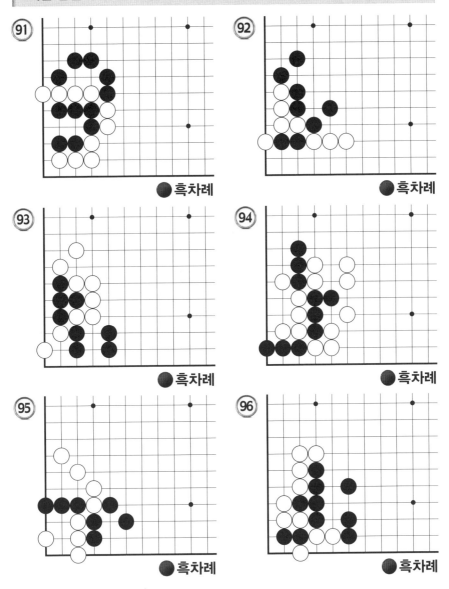

91 ● 흑차례

92 ● 흑차례

93 ● 흑차례

94 ● 흑차례

95 ● 흑차례

96 ● 흑차례

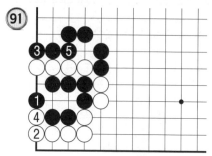

흑1이 맥점입니다. 백2 때 흑3·5로
공격하면 백을 잡을 수 있습니다.

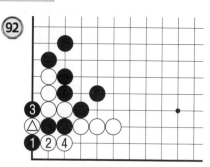

흑1로 단수쳐야 합니다. 백2로 끊어도
흑3으로 따내면 백4, 흑5까지 백이 자
충에 걸립니다. (흑5…백△)

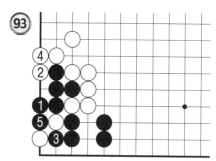

흑1이 맥점입니다. 백2 때 흑3·5로
공격하면 백을 잡을 수 있습니다.

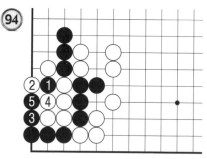

흑1로 끊는 것이 맥점입니다. 백2 때 흑3·5
로 수를 줄이면 백을 잡을 수 있습니다.

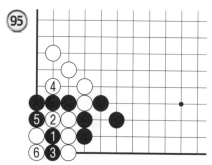

흑1로 끼워야 합니다. 백2로 단수칠 때
흑3으로 키워 죽인 후 흑7까지 공격하
면 백을 잡을 수 있습니다. (흑7…흑1)

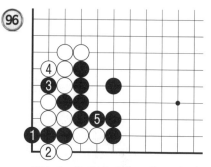

흑1이 맥점입니다. 백2 때 흑
3·5로 공격하면 백을 잡을 수
있습니다.

백을 잡을 수 있는 맥을 찾아 수순을 표시하세요.(1~3수 정도)

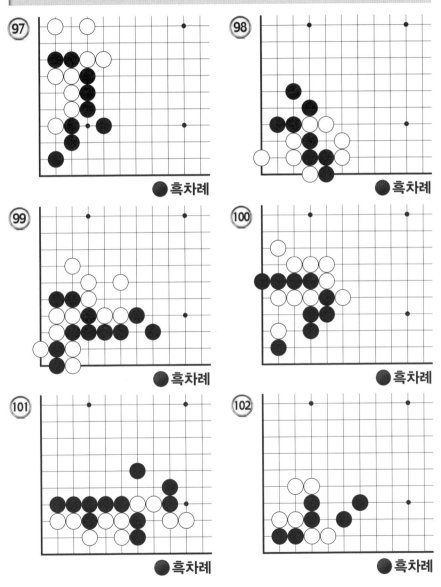

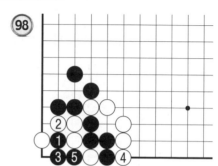

97

흑1로 끊어야 합니다. 백2로 단수칠 때 흑3 · 5로 회돌이친 후 흑9까지 공격하면 백을 잡을 수 있습니다.

98

흑1이 맥점입니다. 백2 때 흑3 · 5로 공격하면 백을 잡을 수 있습니다.

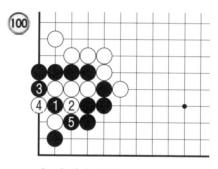

99

흑로 단수친 후 백2 때 흑3으로 먹여치는 것이 맥점입니다. 백4로 따낼 때 흑5 · 7로 공격하면 백을 잡을 수 있습니다. (흑3…흑▲, 백4…흑◉)

100

흑1이 맥점입니다. 백2 때 흑3 · 5로 공격하면 백을 잡을 수 있습니다.

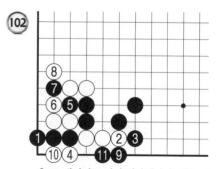

101

흑1이 맥점입니다. 백2 때 흑3 · 5로 공격하면 백을 잡을 수 있습니다.

102

흑1로 내려서는 것이 정답입니다. 백2 · 4로 수를 줄이면 흑5 · 7을 선수한 후 흑11까지 공격해서 백을 잡을 수 있습니다.

백을 잡을 수 있는 맥을 찾아 수순을 표시하세요.(1~3수 정도)

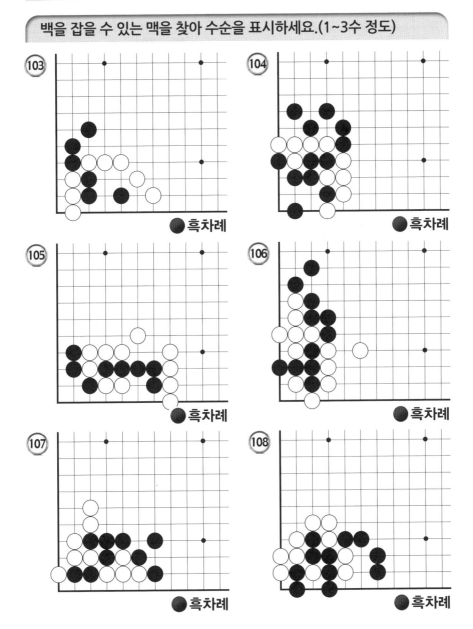

103 ● 흑차례

104 ● 흑차례

105 ● 흑차례

106 ● 흑차례

107 ● 흑차례

108 ● 흑차례

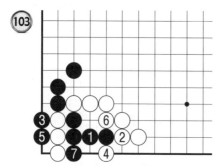

흑1로 잇는 것이 정답입니다. 백2·4로 저항해도 흑7까지 공격하면 백을 잡을 수 있습니다.

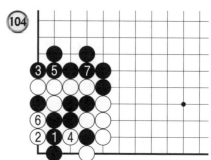

흑1로 이어야 합니다. 백2로 수를 줄여도 흑3 이하 7까지 공격하면 흑의 승리입니다.

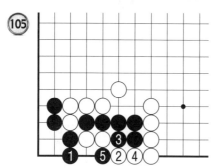

흑1이 맥점입니다. 백2 때 흑3·5로 공격하면 백을 잡을 수 있습니다.

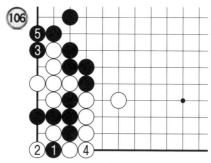

흑1이 맥점입니다. 백2 때 흑3·5로 공격하면 백을 잡을 수 있습니다.

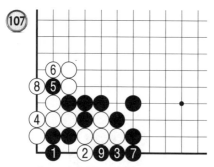

흑1로 내려서는 것이 백을 자충으로 유도하는 맥점입니다. 백2로 내려설 때 흑3 이하 9까지 수를 줄이면 흑의 승리입니다.

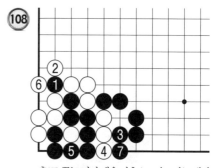

흑로 끊는 것이 백을 자충으로 유도하는 맥점입니다. 백2로 잡을 수밖에 없을 때 흑3·5·7로 수를 줄이면 백을 잡을 수 있습니다.

8 중급 맥점 문제|109~114

백을 잡을 수 있는 맥을 찾아 수순을 표시하세요.(1~3수 정도)

109

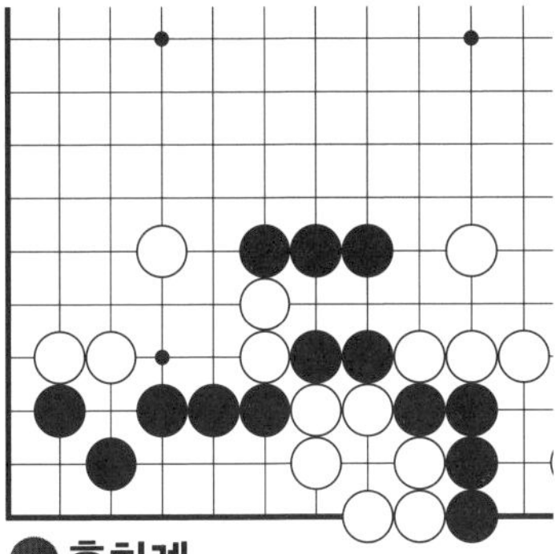

흑차례

110

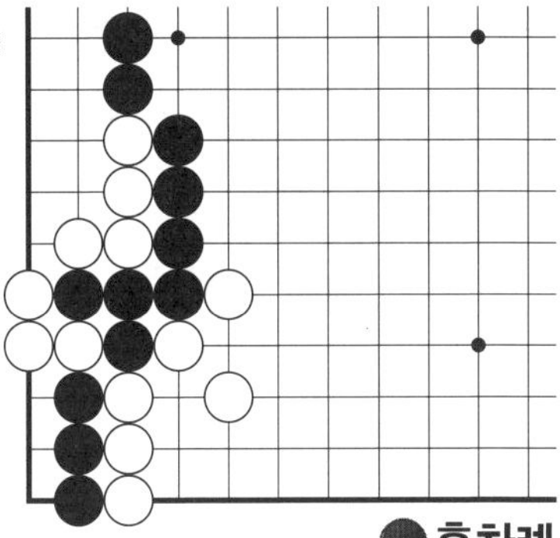

흑차례

111

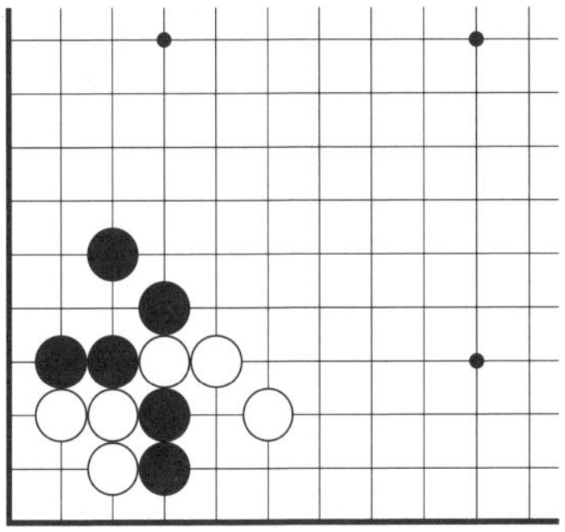

흑차례

112

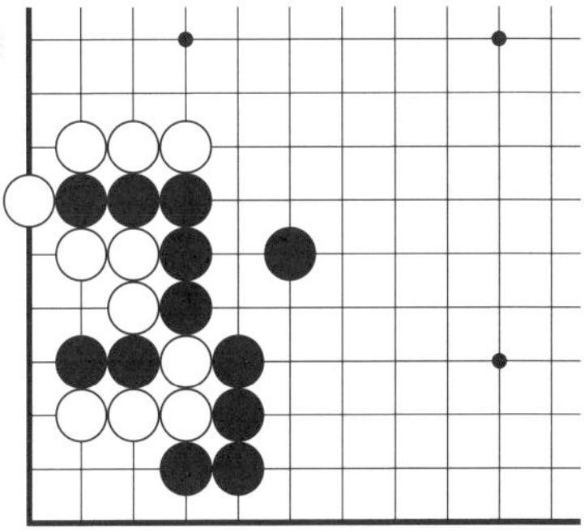

흑차례

113

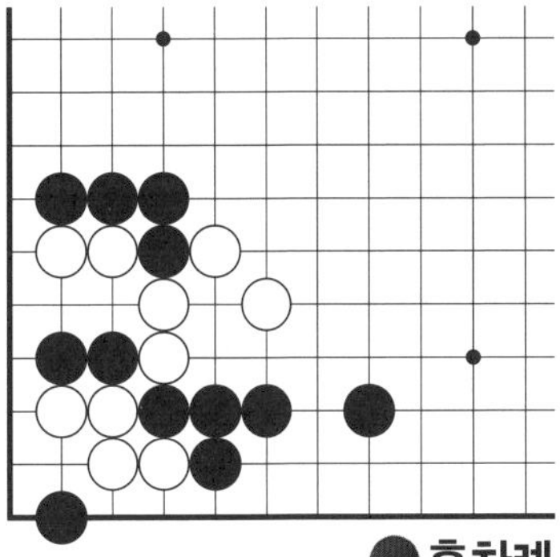

흑차례

114

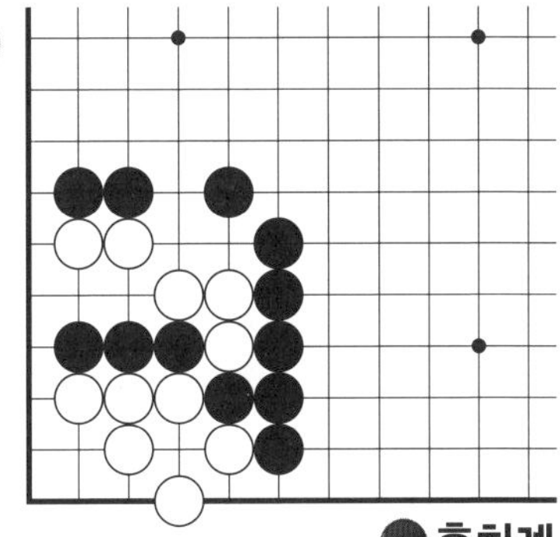

흑차례

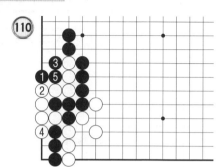

흑1로 치중하는 것이 맥점입니다. 백2·4·6으로 저항해도 흑9까지의 진행이면 흑의 승리입니다.

흑1이 맥점입니다. 백2 때 흑3·5로 공격하면 백을 잡을 수 있습니다.

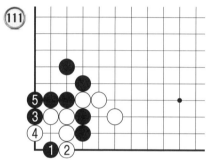

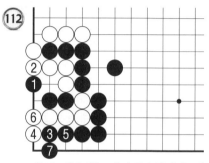

흑1로 치중하는 것이 맥점입니다. 백2 때 흑3·5로 공격하면 흑의 승리입니다.

흑1을 선수하는 것이 중요합니다. 백2 때 흑3으로 붙이면 이하 흑7까지 흑의 승리가 보장됩니다.

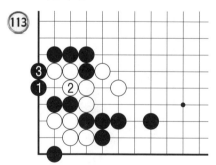

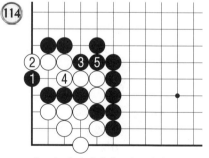

흑1이 급소입니다. 백2 때 흑3으로 넘어가면 귀의 백을 잡을 수 있습니다.

흑1이 맥점입니다. 백2 때 흑3·5로 공격하면 백을 잡을 수 있습니다.

8 중급 맥점 문제115~120

백을 잡을 수 있는 맥을 찾아 수순을 표시하세요.(1~3수 정도)

115

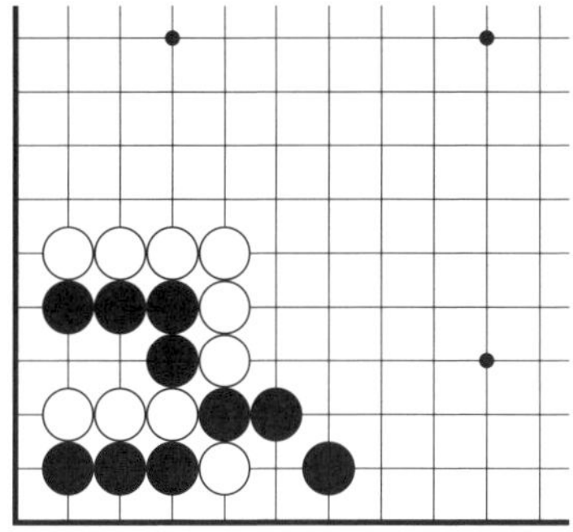

흑차례

116

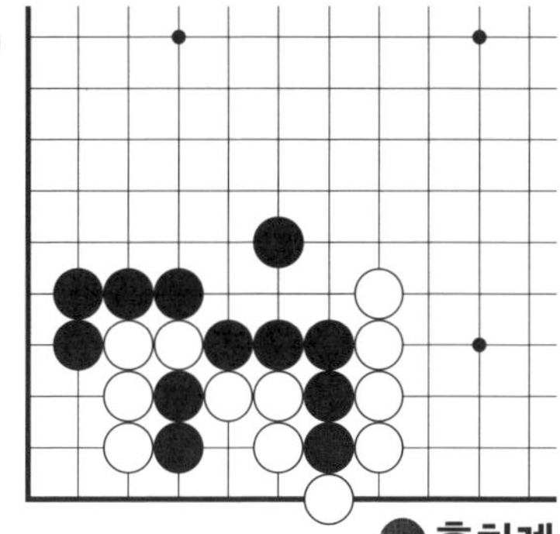

흑차례

117

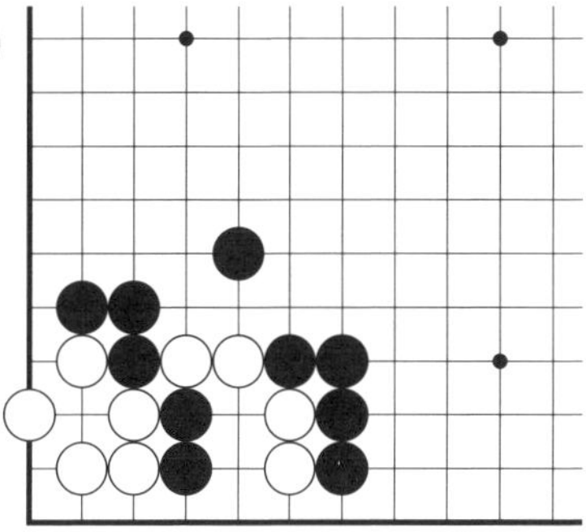

흑차례

118

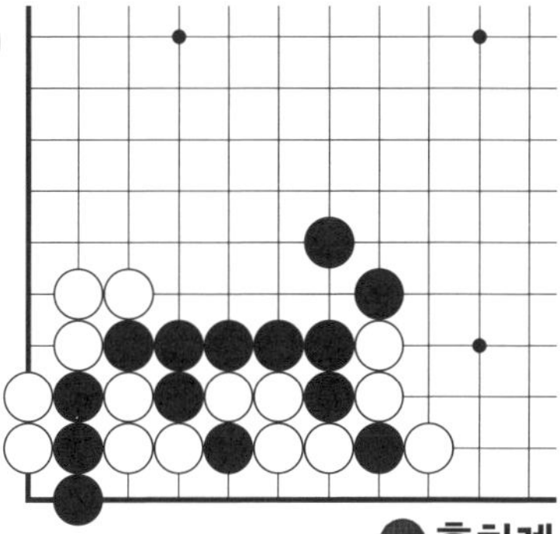

흑차례

119

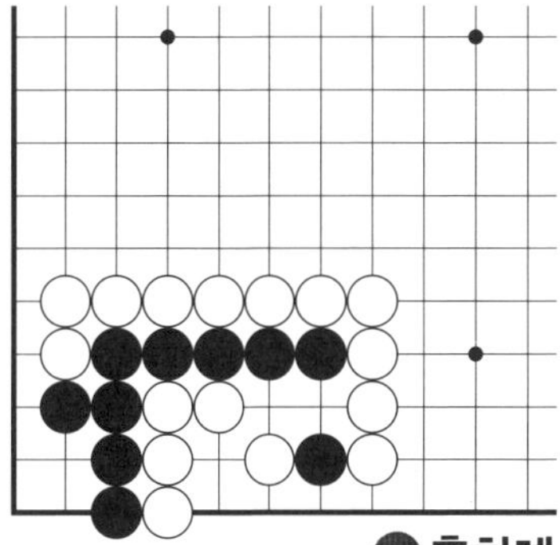

흑차례

120

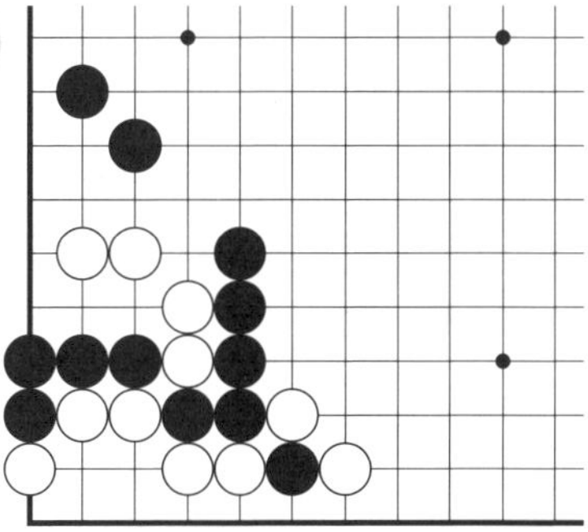

흑차례

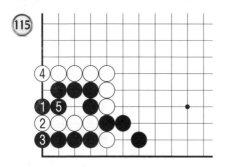

흑1이 맥점입니다. 백2 때 흑3 · 5로
공격하면 백을 잡을 수 있습니다.

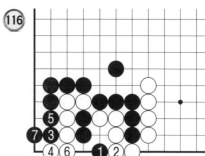

흑1, 백2의 선수교환이 중요합니다. 흑3
이하 7까지의 진행이면 흑의 승리입니다.

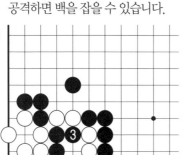

흑1이 맥점입니다. 백2로 이을 때
흑3으로 끊으면 백은 자충이 되
어 단수를 칠 수 없습니다.

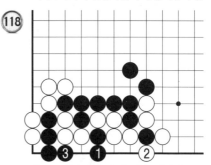

흑1로 내려서는 것이 백을 양자충으로
유도하는 맥점입니다. 백2로 따낼 때 흑
3으로 단수치면 백을 잡을 수 있습니다.

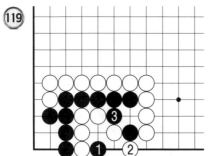

흑1이 맥점입니다. 백2 때 흑3으로
단수치면 백은 촉촉수에 걸립니다.

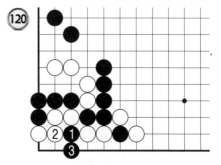

흑1로 끊는 것이 정답입니다. 백2로
단수칠 때 흑3으로 내려서면 백은
양자충이 됩니다.

백을 잡을 수 있는 맥을 찾아 수순을 표시하세요.(1~3수 정도)

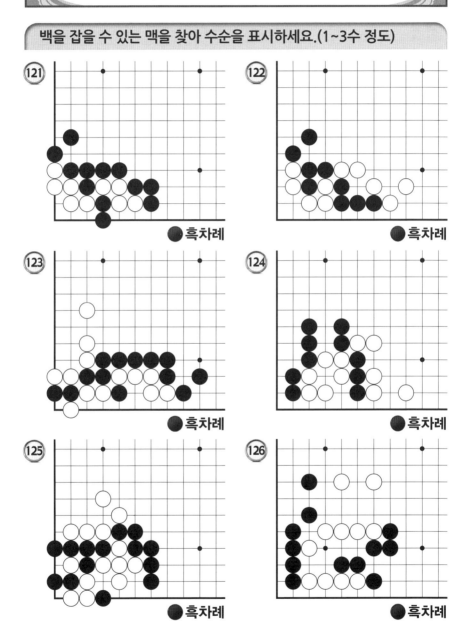

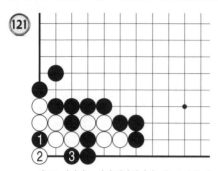

흑1로 먹여치는 것이 정답입니다. 백2로 따낼 때
흑3으로 수를 줄이면 백은 양자충에 걸립니다.

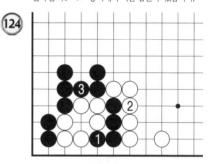

흑1로 끊는 것이 맥점입니다. 백2로 단수친 후 4에 잇
는다면 흑5·7로 공격해서 백을 잡을 수 있습니다.

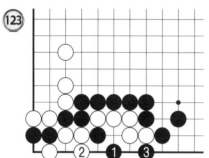

흑1로 백을 자충으로 유도하는 급소
입니다. 백2 때 흑3으로 젖히면 백
은 자충에 걸려서 잡히고 맙니다.

흑1이 공격의 급소입니다. 백2 때 흑
3으로 단수치면 흑의 승리입니다.

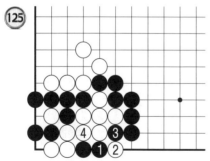

흑1이 맥점입니다. 백2 때 흑3·5로
공격하면 백을 유가무가로 만들어
서 잡을 수 있습니다. (흑5…흑1)

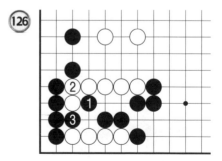

흑1로 백을 끊는 맥점입니다. 백2
로 이을 때 흑3으로 절단하면 귀
의 백 넉점을 잡을 수 있습니다.

백을 잡을 수 있는 맥을 찾아 수순을 표시하세요.(1~3수 정도)

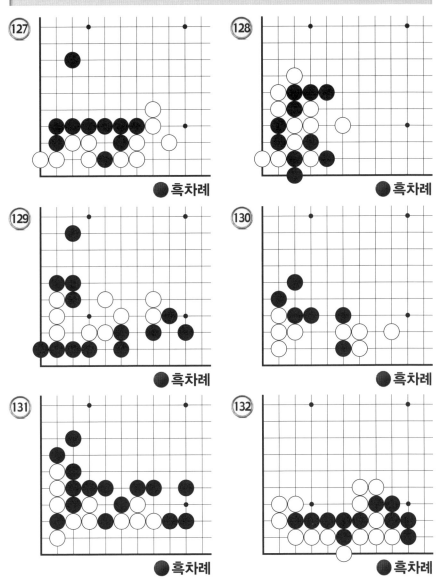

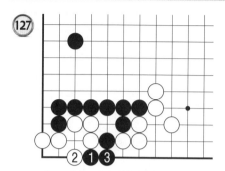

흑1로 젖히는 것이 맥점입니다. 백2 때 흑3으
로 젖히면 백은 자충이 되어 끊을 수 없습니다.

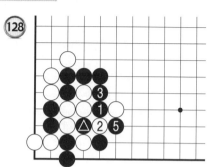

흑1이 맥점입니다. 백2 때 흑3·5로 공격
하면 백을 잡을 수 있습니다.(백4…흑⬥)

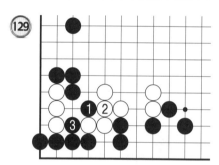

흑1이 백을 끊는 맥점입니다. 백2로 이을 때 흑
3으로 절단하면 백 석점을 잡을 수 있습니다.

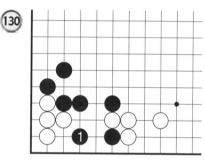

흑1로 한칸 뛰면 귀의 백을 차단
해서 잡을 수 있습니다.

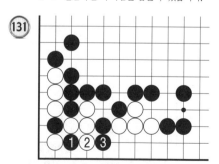

흑1로 끊는 것이 맥점입니다. 백2
때 흑3으로 내려서면 백 넉점을
잡을 수 있습니다.

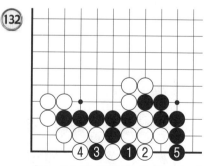

흑1·3으로 먹여친 후 흑5로 내
려서면 백을 촉촉수로 유도해서
잡을 수 있습니다.

백을 잡을 수 있는 맥을 찾아 수순을 표시하세요.(1~3수 정도)

(133)

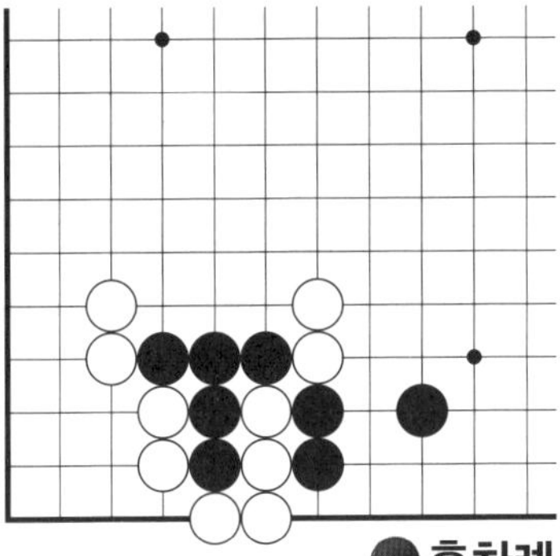

● 흑차례

(134)

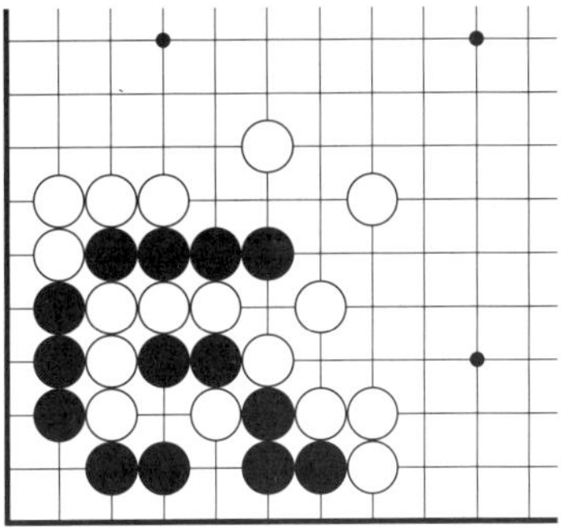

● 흑차례

(135)

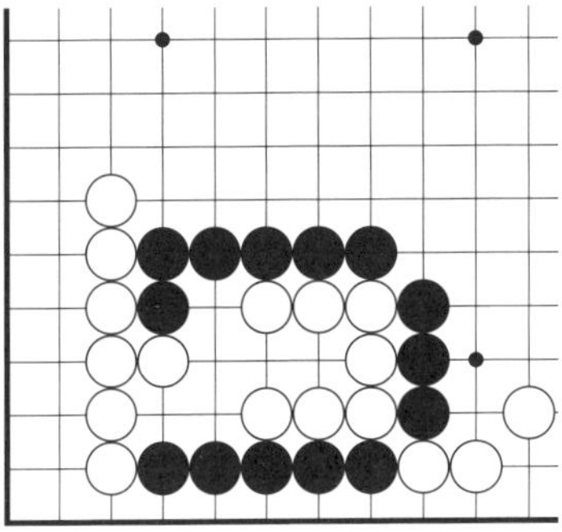

● 흑차례

(136)

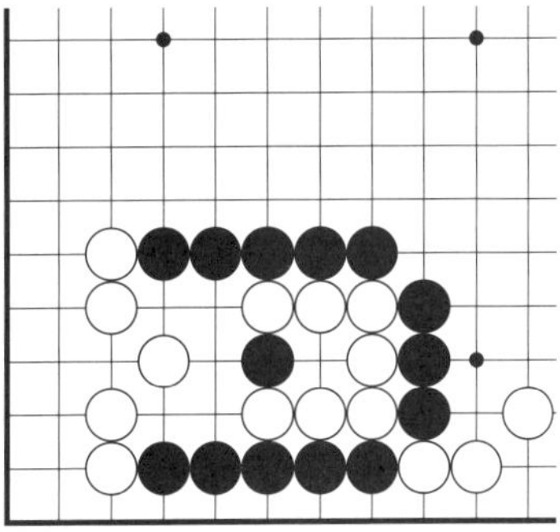

● 흑차례

(137)

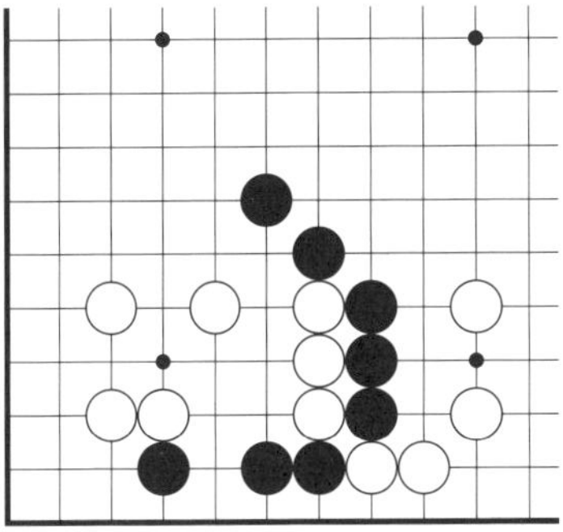

● 흑차례

(138)

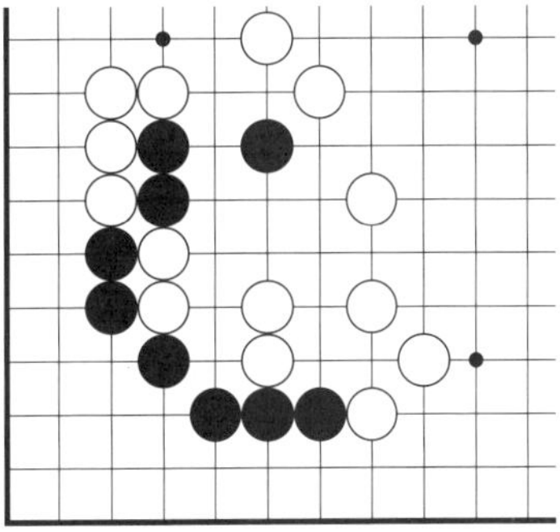

● 흑차례

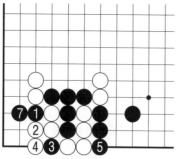

흑1로 끊는 것이 맥점입니다. 백2로 단수치면 흑3으로 먹여쳐서 백6까지 교환한 후에 흑7로 움직이는 수가 성립합니다. (백6…흑3)

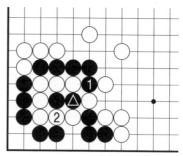

흑1이 맥점입니다. 백2로 따낼 때 흑3으로 먹여치면 백을 환격으로 유도해서 잡을 수 있습니다. (흑3…흑▲)

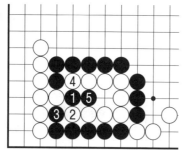

흑1이 맥점입니다. 백2 때 흑3·5로 공격하면 백을 환격으로 유도해서 잡을 수 있습니다.

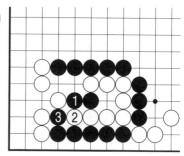

흑1이 맥점입니다. 백2 때 흑3으로 절단하면 백은 환격을 피할 수 없습니다.

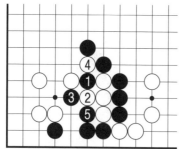

흑1이 맥점입니다. 백2 때 흑3·5로 공격하면 백을 잡을 수 있습니다.

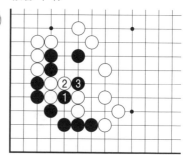

흑1로 끼워야 합니다. 백2 때 흑3으로 단수치면 백을 회돌이축으로 잡을 수 있습니다.

백을 잡을 수 있는 맥을 찾아 수순을 표시하세요.(1~3수 정도)

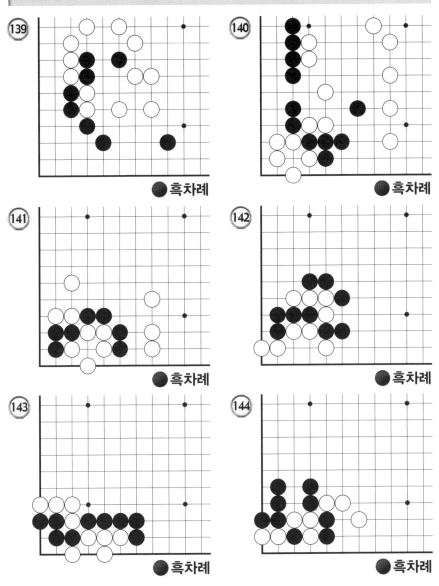

139 ●흑차례

140 ●흑차례

141 ●흑차례

142 ●흑차례

143 ●흑차례

144 ●흑차례

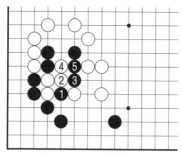

흑1이 맥점입니다. 백2 때 흑3·5로 공격하면 백을 회돌이축으로 잡을 수 있습니다.

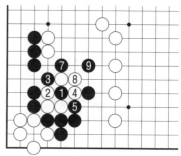

흑1로 끼우는 것이 맥점입니다. 백2로 단수칠 때 흑3·5로 회돌이친 후 흑9까지 장문 씌우면 백을 잡을 수 있습니다. (백6…흑1)

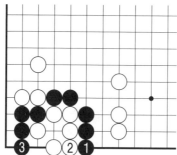

흑1·3으로 공격하면 백을 잡을 수 있습니다.

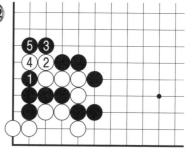

흑1이 맥점입니다. 백2 때 흑3·5로 공격하면 백을 빈축으로 몰아서 잡을 수 있습니다.

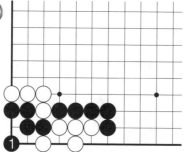

흑1로 한집을 만들면 백을 유가무가로 유도해서 잡을 수 있습니다.

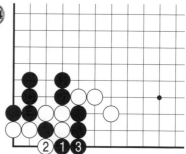

흑1로 단수친 후 3으로 이으면 백을 잡을 수 있습니다.

백을 잡을 수 있는 맥을 찾아 수순을 표시하세요.(1~3수 정도)

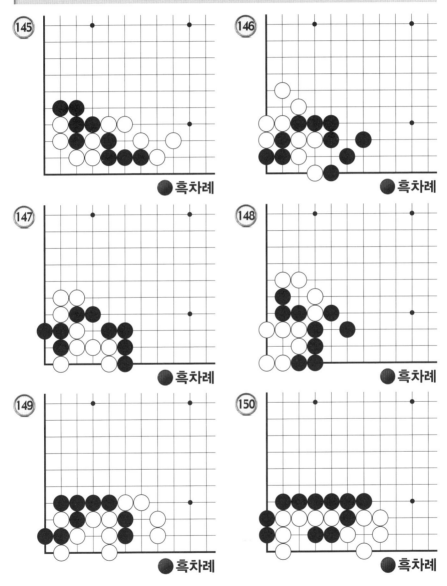

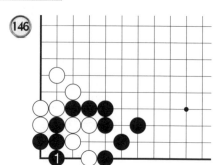

흑1로 절단한 후 백2 때 흑3으로
내려서면 백을 자충으로 유도해
서 잡을 수 있습니다.

흑1로 내려서면 백을 유가무가로
유도해서 잡을 수 있습니다.

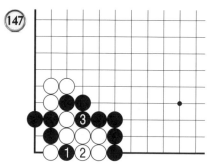

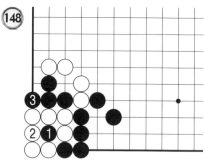

흑1로 먹여친 후 3으로 단수치면
백은 촉촉수에 걸립니다.

흑1로 먹여친 후 백2 때 흑3으로 단수치
면 흑이 수상전에서 승리할 수 있습니다.

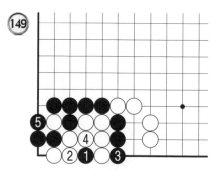

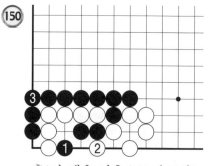

흑1로 치중하는 것이 맥점입니
다. 백2 때 흑3·5로 공격하면 백
을 잡을 수 있습니다.

흑1이 백을 자충으로 유도하는
맥점입니다. 백2 때 흑3으로 수
를 줄이면 흑의 승리입니다.

백을 잡을 수 있는 맥을 찾아 수순을 표시하세요.(1~3수 정도)

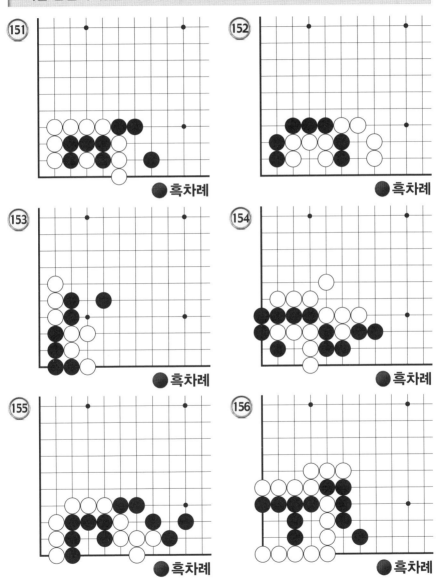

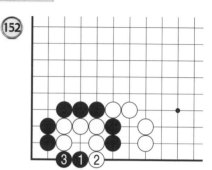

흑1로 따내는 것이 좋은 수입니다. 백2 때 흑3·5로 수를 줄이면 흑의 승리입니다.

흑1로 치중하는 것이 맥점입니다. 백2 때 흑3으로 넘으면 흑이 한수 빠릅니다.

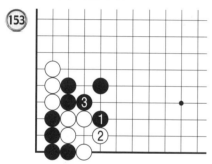

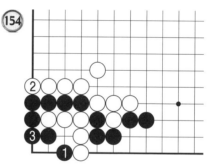

흑1로 붙이는 것이 맥점입니다. 백2 때 흑3으로 단수치면 백은 촉촉수에 걸립니다.

흑1이 맥점입니다. 백2 때 흑3으로 공격하면 백을 잡을 수 있습니다.

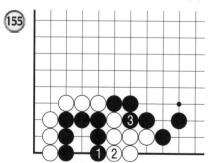

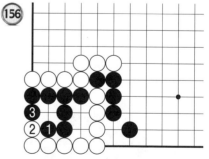

흑1이 맥점입니다. 백2 때 흑3으로 공격하면 백을 잡을 수 있습니다.

흑1이 맥점입니다. 백2 때 흑3으로 공격하면 백을 잡을 수 있습니다.

백을 잡을 수 있는 맥을 찾아 수순을 표시하세요.(1~3수 정도)

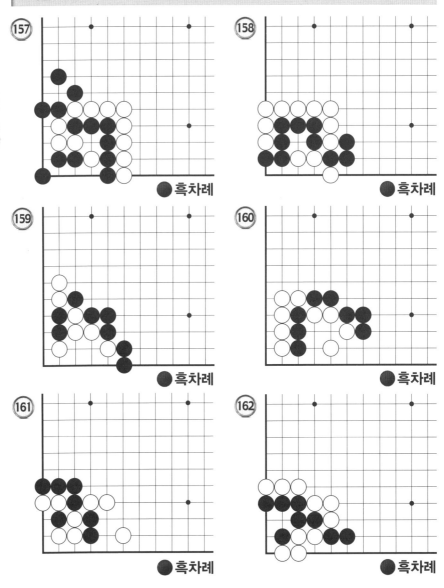

157 ●흑차례

158 ●흑차례

159 ●흑차례

160 ●흑차례

161 ●흑차례

162 ●흑차례

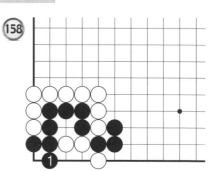

(157)

흑1이 맥점입니다. 백2 때 흑3으로
공격하면 백을 잡을 수 있습니다.

(158)

흑1로 내려서면 백을 유가무가로
만들어서 잡을 수 있습니다.

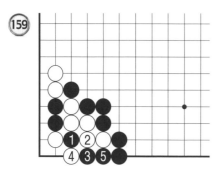

(159)

흑1이 맥점입니다. 백2 때 흑3으로
공격하면 백을 잡을 수 있습니다.

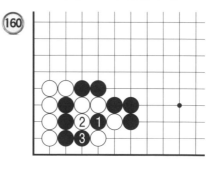

(160)

흑1이 맥점입니다. 백2 때 흑3으로
공격하면 백을 잡을 수 있습니다.

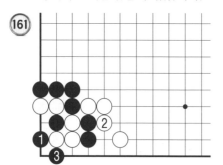

(161)

흑1이 맥점입니다. 백2 때 흑3으로
공격하면 백을 잡을 수 있습니다.

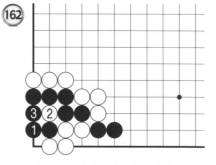

(162)

흑1이 맥점입니다. 백2 때 흑3으로
공격하면 백을 잡을 수 있습니다.

8 중급 맥점 문제163~168

백을 잡을 수 있는 맥을 찾아 수순을 표시하세요.(1~3수 정도)

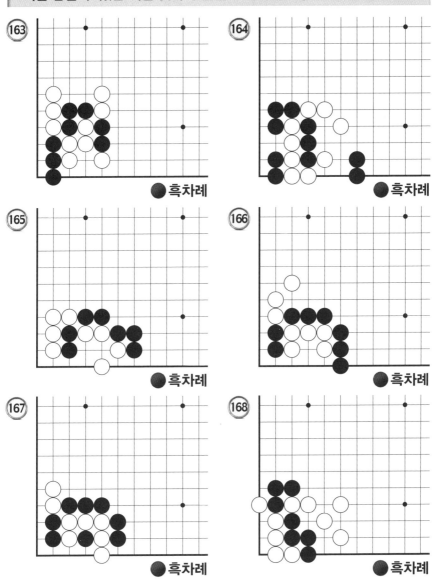

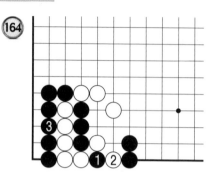

흑1이 맥점입니다. 백2 때 흑3으로
공격하면 백을 잡을 수 있습니다.

흑1이 맥점입니다. 백2 때 흑3으로
공격하면 백을 잡을 수 있습니다.

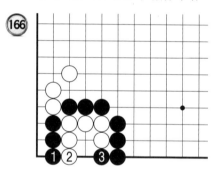

흑1이 맥점입니다. 백2 때 흑3으로
공격하면 백을 잡을 수 있습니다.

흑1이 맥점입니다. 백2 때 흑3으로
공격하면 백을 잡을 수 있습니다.

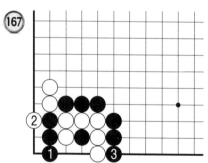

흑1이 맥점입니다. 백2 때 흑3으로
공격하면 백을 잡을 수 있습니다.

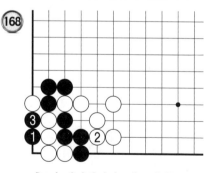

흑1이 맥점입니다. 백2 때 흑3으로
공격하면 백을 잡을 수 있습니다.

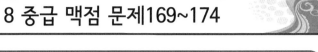

백을 잡을 수 있는 맥을 찾아 수순을 표시하세요.(1~3수 정도)

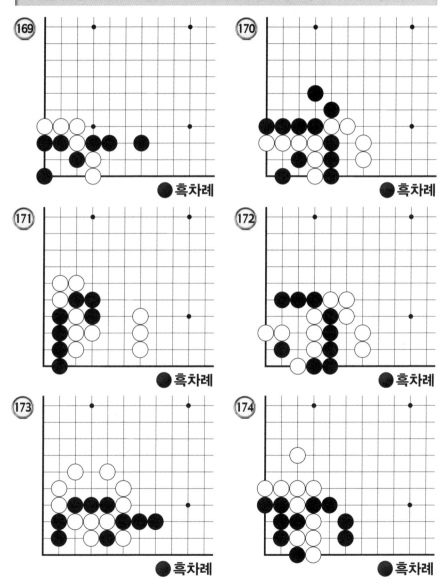

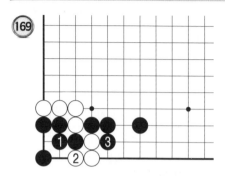

흑1이 맥점입니다. 백2 때 흑3으로
공격하면 백을 잡을 수 있습니다.

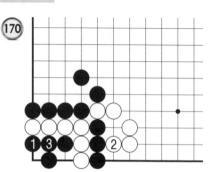

흑1이 맥점입니다. 백2 때 흑3으로
공격하면 백을 잡을 수 있습니다.

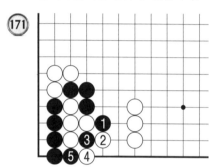

흑1이 맥점입니다. 백2 때 흑3 · 5로
공격하면 백을 잡을 수 있습니다.

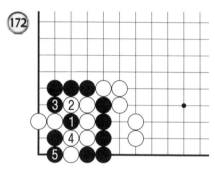

흑1이 맥점입니다. 백2 때 흑3 · 5로
공격하면 백을 잡을 수 있습니다.

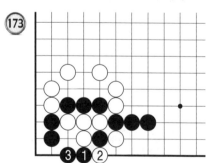

흑1이 맥점입니다. 백2 때 흑3으로
공격하면 백을 잡을 수 있습니다.

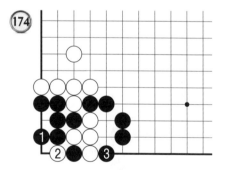

흑1이 맥점입니다. 백2 때 흑3으로
공격하면 백을 잡을 수 있습니다.

백을 잡을 수 있는 맥을 찾아 수순을 표시하세요.(1~3수 정도)

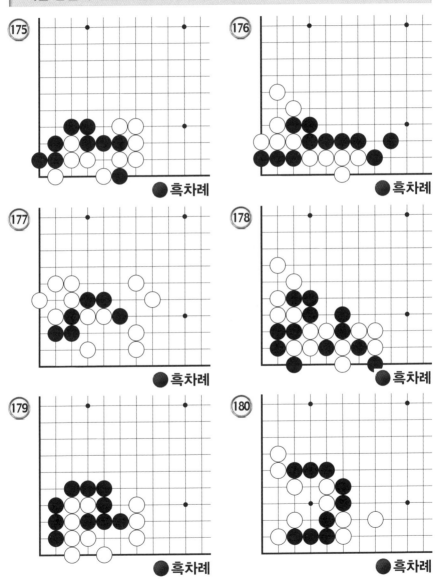

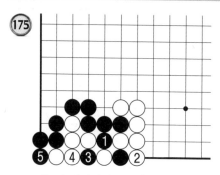

흑1이 맥점입니다. 백2 때 흑3·5로
공격하면 백을 잡을 수 있습니다.

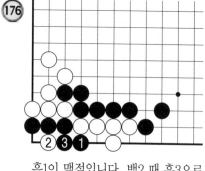

흑1이 맥점입니다. 백2 때 흑3으로
공격하면 백을 잡을 수 있습니다.

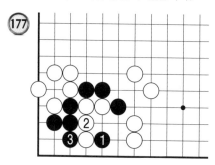

흑1이 맥점입니다. 백2 때 흑3으로
공격하면 백을 잡을 수 있습니다.

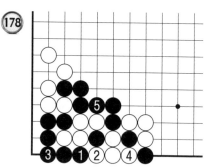

흑1이 맥점입니다. 백2 때 흑3·5로
공격하면 백을 잡을 수 있습니다.

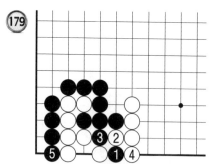

흑1이 맥점입니다. 백2 때 흑3·5로
공격하면 백을 잡을 수 있습니다.

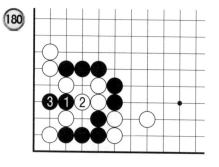

흑1이 맥점입니다. 백2 때 흑3으로
공격하면 백을 잡을 수 있습니다.

이창호 바둑입문 3
- 한수 위 편 -

지은이 / 이창호 · 성기창
펴낸이 / 강희일 · 박은자
펴낸곳 / 다산출판사

1판 1쇄 발행 / 2015년 3월 20일
1판 7쇄 발행 / 2024년 1월 10일

등록일자 / 1979년 6월 5일
등록번호 / 제3-86호(윤)

주소 / 서울시 마포구 대흥로 6길 8 다산빌딩 402호
전화번호 / 717-3661~2
팩시밀리 / 716-9945
홈페이지 / http://www.dasanbooks.co.kr

정가 12,000원

ISBN 978-89-7110-482-8 04690
ISBN 978-89-7110-479-8(세트)

다산 바둑시리즈

조훈현, 이창호 등 당대 별중의 별들이 모여 집필한, 다산 바둑 시리즈!
21세기 신개념 바둑이론의 치밀한 해설과 구성, 저자들이 심도깊게 직접 기획·구성했습니다.

이창호 21세기 AI 바둑특강 시리즈

1 이창호 AI 신수신정석
AI를 통해 대유행하고 있는 신수와 신형을 집중 분석한 중·고급자들의 필수 지침서!

2 이창호 AI 신정석
예전에 유행했던 정석과 AI 신정석을 비교·분석해서 한눈에 알아볼 수 있도록 정리한 초·중급자들의 필수 지침서!

3 이창호 AI 포석
실리와 속도를 중시하는 AI의 패러다임에 맞춰 새롭게 유행하고 있는 포석을 집중적으로 분석해서 정리한 초·중급자들의 필수 지침서!

4 이창호 AI 행마
속도와 돌의 효율성을 중시하는 AI의 파격적인 행마법을 알기 쉽게 정리한 바둑 애호가들의 필수 지침서!

5 이창호 AI 중반
바둑의 승패를 좌우하는 공격과 수습, 그리고 전투 능력 등을 AI의 시각으로 집중적으로 정리!

6 이창호 AI 맥점

7 이창호 AI 함정수

8 AI 분석 타이틀 명국집(국내대회편)

9 AI 분석 타이틀 명국집(세계대회편)

이창호 타이틀 명국시리즈[우승결승대국]

- 〈제1권 43,000원〉, 〈제2권 35,000원〉 판매중
- 제3권~5권(출간 예정)
- 소장본 양장 초호화판(한정부수 제작)

조훈현 바둑입문 1, 2

조훈현 의 21세기 신감각 바둑특강 시리즈

1 대세를 장악하는 공격전술
2 체포될 걱정없는 침입전술
3 조훈현 21세기 新정석학 특강 1. 2
4 조훈현 21세기 新행마법 특강 1, 2, 3

문용직 수법의 발견 시리즈(문고판 10권)

권오민 의 신기묘수 1, 2

21세기 AI 분석 명국 바둑특강

1 AI 분석 명국의 세계(2023 국내대회편)
신진서, 박정환, 최정 등 국내 초절정 고수들이 선보인 주옥같은 실전 대국을 AI를 통해 집중적으로 분석한 2023 국내대회 명국집

2 AI 분석 명국의 세계(2023 세계대회편)
신진서, 구쯔하오, 이야마 유타 등 한중일 삼국의 초절정 고수들이 선보인 주옥같은 실전 대국을 AI를 통해 집중적으로 분석한 2023 세계대회 명국집

이창호 의 21세기 바둑특강 시리즈

1 포석 10배 쉽게 배우기	**6 함정수 10배 쉽게 배우기**
2 정석 10배 쉽게 배우기	**7 도전! 초·중급사활**
3 행마 10배 쉽게 배우기	**8 도전! 묘수풀이**
4 중반 10배 쉽게 배우기	**9 도전! 초·중급맥**
5 끝내기 10배 쉽게 배우기	**10 도전! 절묘한 맥**

이창호 이창호 바둑입문

1 왕초보　　**2 기초완성**　　**3 한수 위**

이창호 최신형 신수신정석 시리즈

1 21세기 신수신정석 1, 2, 3, 4, 5

대한바둑협회 · 성기창

1 현대바둑총론-문제풀이편(바둑지도자 자격증 문제수록)
2 현대바둑총론-기초이론편

다산 특별 강의 시리즈

1 목표에 의한 맥의 구사
2 눈부신 급소를 찾아 1, 2
3 눈부시게 아름다운 끝내기 1, 2
4 이창호·양건의 즐거운 응수타진
5 김성래의 한국바둑 왜 강한가?
6 김승준·김창호의 이것이 한국형 1, 2

편집부 손에 잡히는 바둑 시리즈(문고판 12권)

남치형 Speak in Baduk -바둑으로 배우는 영어-

다산출판사 서울시 마포구 대흥로 6길 8 다산빌딩 402호 TEL : 717-3661~2(代) FAX : 716-9945
www.dasanbooks.co.kr 온라인계좌 : 국민은행 054901-04-167798 예금주 : 박은자

『(사)세계인공지능바둑연맹』의 인공지능(AI) 바둑 연구 개발 성과 및 출판을 통한 바둑 보급 특별 프로젝트!

AI 기초 입문 바둑 시리즈 (고급 양장본)

쉽고 즐겁게 배우는 AI 왕초보 바둑

원리적인 접근으로 누구나 쉽고 재미있게 배울 수 있는 왕초보 바둑 입문서!
인공지능(AI) 바돌이와 함께 재미있는 바둑의 세계를 체험할 수 있어요.

수학을 활용한 AI 기초 바둑

수학의 기본 개념을 통해 누구나 쉽게 원리를 깨우칠 수 있는 기초 바둑 입문서!
인공지능(AI) 바돌이와 함께 재미있는 바둑의 세계를 체험할 수 있어요.

지능개발 AI 바둑 전략 전술

지능개발을 목적으로 한 바둑 전략 전술 활용서!
인공지능(AI) 바돌이와 함께 재미있는 바둑의 세계를 체험할 수 있어요.

세계인공지능바둑연맹 · 성기창 공저 / 200면 / 정가 각권 16,000원

『(사)세계인공지능바둑연맹』
아카데미 연구회의
AI 바둑 연구 결과물을 토대로
특별하게 기획 제작된
다산출판사 AI 바둑 시리즈입니다.

(사)세계인공지능바둑연맹 총재 : 이인제

설립 : 2020년 11월
World Artificial Intelligence
Baduk Federation

성기창 아마 6단
- (사) 세계인공지능바둑연맹 바둑연구소 소장
- (前) 명지대학교 바둑학과 강사
- 이창호 신수신형 등 약 200여 권의 바둑도서 집필

AI 기초 완성 바둑 시리즈 (고급 양장본)

쉬워도 너무 쉬운 AI 바둑 입문

어렵게만 느껴지는 바둑을 완전 초보자도 쉽게 이해할 수 있도록 구성한 성인 바둑 입문서!
바둑의 기본 규칙 및 실전 요령을 원리를 통해 쉬워도 너무 쉽게 구성한 것이 특징.

원리를 통해 쉽게 배우는 AI 기초 행마법

행마의 기본 개념과 활용법을 원리를 통해 누구나 쉽게 터득할 수 있는 기초 행마 입문서!
AI가 강력 추천하는 6가지 기본 행마법을 터득하는 것이 바둑의 출발점!

초보도 쉽게 이해되는 AI 기초 사활

사활의 기본 개념을 원리적으로 접근하여 학습할 수 있는 기초 사활 입문서!
AI가 추천하는 사활 문제 해결 방식을 적용하다 보면 어렵게 느껴지는 사활 문제도 이젠 척척 풀어낼 수 있어요!

세계인공지능바둑연맹 · 성기창 공저 / 256면 / 정가 각권 18,000원

AI 고급 바둑 시리즈 (고급 양장본)

실전에 꼭 나오는 AI 정석의 맥

"정석을 모르면 바둑을 두지 마라" 라는 격언이 있는데 AI에 의해 대변혁의 과정을 거친 바둑의 정석.
실전에 꼭 나오는 기본 정석의 맥을 알기 쉽게 정리한 현대판 정석의 맥 교과서!

유단자가 반드시 알아야 할 AI 공격 전술

고수가 되기 위해 반드시 익혀두어야 할 중반전의 핵심 기술 중 하나는 공격! 바둑의 묘미를 한껏 만끽할 수 있는 신개념 AI 공격 기술서!

유단자가 반드시 알아야 할 AI 침투와 수습

공격 기술과 더불어 중반전에 반드시 터득해야 할 또 다른 중요한 기술 중 하나는 침투와 수습 능력!
AI에게 배우는 화려한 침투와 수습 능력은 유단자가 갖추어야 할 필수 항목!

세계인공지능바둑연맹 · 성기창 공저 / 256면 / 정가 각권 18,000원

다산출판사 02-717-3661